# DICIONÁRIO DE UMBANDA

Ademir Barbosa Júnior
(Dermes)

# DICIONÁRIO DE
# UMBANDA

© 2016, Editora Anúbis

**Revisão:**
Tânia Hernandes

**Imagem de capa:**
© Tarapong | Dreamstime.com

**Projeto gráfico e capa:**
Edinei Gonçalves

Dados Internacionais de Catalogação na Publicação (CIP)
(Câmara Brasileira do Livro, SP, Brasil)

---

Barbosa Júnior, Ademir
Dicionário de umbanda / Ademir barbosa Júnior (Dermes).
-- São Paulo: Anúbis, 2016.

ISBN 978-85-67855-26-4

1. Dicionários 2. Religião - Dicionários 3. Umbanda - Dicionários I. Título.

15-01857                                                    CDD-299.03

---

**Índices para catálogo sistemático:**
1. Dicionário : Umbanda : Religião
   afro-brasileira   299.03
2. Umbanda : Dicionário : Religião
   afro-brasileira   299.03

São Paulo/SP – República Federativa do Brasil
*Printed in Brazil* – Impresso no Brasil

Este livro segue as novas regras do Acordo Ortográfico da Língua Portuguesa.

Os direitos de reprodução desta obra pertencem à Editora Anúbis. Portanto, não é permitida a reprodução total ou parcial desta obra, de qualquer forma ou por qualquer meio eletrônico, mecânico, inclusive por meio de processos xerográficos, incluindo ainda o uso da internet, sem a permissão expressa por escrito da Editora (Lei nº 9.610, de 19.2.98).

Distribuição exclusiva
**Aquaroli Books**
Rua Curupá, 801 – Vila Formosa – São Paulo/SP
CEP 03355-010 – Tel.: (11) 2673-3599
atendimento@aquarolibooks.com.br

Para Karol Souza Barbosa, meu amor e dirigente da Tenda de Umbanda Iansã Matamba e Caboclo Jiboia.

# Prece de Cáritas

DEUS, nosso Pai, que sois todo poder e bondade, dai força àquele que passa pela provação; dai a luz àquele que procura a verdade, pondo no coração do homem a compaixão e a caridade.

Deus, dai ao viajor a estrela guia; ao aflito, a consolação; ao doente, o repouso. Pai, dai ao culpado o arrependimento; ao espírito, a verdade; à criança, o guia; ao órfão, o pai.

Senhor, que a vossa bondade se estenda sobre tudo o que criaste.

Piedade, Senhor, para aqueles que não vos conhecem; esperança para aqueles que sofrem.

Que a vossa bondade permita aos espíritos consoladores derramarem por toda parte a paz, a esperança e a fé.

Deus, um raio, uma faísca do Vosso Amor pode abrasar a Terra.

Deixa-nos beber nas fontes dessa bondade fecunda e infinita e todas as lágrimas secarão, todas as dores acalmar-se-ão.

Um só coração, um só pensamento subirá até Vós como um grito de reconhecimento e amor.

Como Moisés sobre a montanha, nós Vos esperamos com os braços abertos.

Oh! Poder... Oh! Bondade... Oh! Beleza... Oh! Perfeição... E queremos de alguma sorte alcançar a Vossa Misericórdia.

Deus, dai-nos a força de ajudar o progresso a fim de subirmos até Vós.

Dai-nos a caridade pura; dai-nos a fé e a razão; dai-nos a simplicidade que fará de nossas almas o espelho onde deve refletir a Vossa Santa e Misericordiosa Imagem.

# Hino de Umbanda

Refletiu a luz divina
em todo seu esplendor;
é do Reino de Oxalá
onde há Paz e Amor.

Luz que refletiu na terra,
luz que refletiu no mar,
luz que veio de Aruanda
para tudo iluminar.

A Umbanda é Paz e Amor,
é um mundo cheio de luz...
é a força que nos dá vida
e à grandeza nos conduz.

Avante, filhos de fé
como a nossa Lei não há...
levando ao mundo inteiro
a bandeira de Oxalá.

# Pai Nosso Umbandista

Pai nosso que estás nos céus, nas matas, nos mares e em todos os mundos habitados.

Santificado seja o teu nome, pelos teus filhos, pela natureza, pelas águas, pela luz e pelo ar que respiramos.

Que o teu reino, reino do bem, do amor e da fraternidade, nos una a todos e a tudo que criaste, em torno da sagrada cruz, aos pés do Divino Salvador e Redentor.

Que a tua vontade nos conduza sempre para o culto do Amor e da Caridade.

Dá-nos hoje e sempre a vontade firme para sermos virtuosos e úteis aos nossos semelhantes.

Dá-nos hoje o pão do corpo, o fruto das matas e a água das fontes para o nosso sustento material e espiritual.

Perdoa, se merecermos, as nossas faltas e dá-nos o sublime sentimento do perdão para os que nos ofendem.

Não nos deixes sucumbir, ante a luta, dissabores, ingratidões, tentações dos maus espíritos e ilusões pecaminosas da matéria.

Envia, Pai, um raio de tua Divina complacência, Luz e Misericórdia para os teus filhos pecadores que aqui habitam, pelo bem da humanidade.

Que assim seja, em nome de Olorum, Oxalá e de todos os mensageiros da Luz Divina.

# Credo Umbandista

Creio em Deus, onipotente e supremo.

Creio nos Orixás e nos Espíritos Divinos que nos trouxeram para a vida por vontade de Deus. Creio nas falanges espirituais, orientando os homens na vida terrena.

Creio na reencarnação das almas e na justiça divina, segundo a lei do retorno.

Creio na comunicação dos Guias Espirituais, encaminhando-nos para a caridade e para a prática do bem.

Creio na invocação, na prece e na oferenda, como atos de fé e creio na Umbanda, como religião redentora, capaz de nos levar pelo caminho da evolução até o nosso Pai Oxalá.

# Salmo 23 na Umbanda

Oxalá é meu Pastor, nada me faltará.

Deitar-me faz nos verdes campos de Oxóssi.

Guia-me, Pai Ogum, mansamente nas águas tranquilas de Mãe Nanã Buruquê.

Refrigera minha alma meu Pai Obaluaê.

Guia-me, Mãe Iansã, pelas veredas da Justiça de Xangô.

Ainda que andasse pelo Vale das Sombras e da Morte de meu Pai Omulu, eu não temeria mal algum, porque Zambi está sempre comigo.

A tua vara e o teu cajado são meus guias na direita e na esquerda.

Consola-me, Mamãe Oxum.

Prepara uma mesa cheia de Vida perante mim, minha Mãe Iemanjá.

Exu e Pombagira, vos oferendo na presença de meus inimigos.

Unge a minha coroa com o óleo consagrado a Olorum, e o meu cálice, que é meu coração, transborda.

E certamente a bondade e a misericórdia de Oxalá estarão comigo por todos os dias.

E eu habitarei na casa dos Orixás, que é Aruanda, por longos dias!

Que assim seja!

SARAVÁ!

# Introdução

Este dicionário não pretende abarcar toda a riqueza da diversidade do vocabulário umbandista em território nacional e no exterior, muito menos das suas variações litúrgicas, das vestimentas, do calendário, dos fundamentos etc., a qual muitas vezes varia de casa para casa, de segmento para segmento.

Como critério de seleção, optou-se pelos vocábulos de maior ocorrência, contudo sem desprezar regionalismos, variantes e outros.

Vocábulos específicos dos Cultos de Nação aparecem na lista, ou porque fazem parte do cotidiano de algumas casas de Umbanda, ou porque se referem a práticas comuns nas casas ditas cruzadas.

Sempre que se julgou necessário para a melhor compreensão, apontou-se para a etimologia, em especial de termos relacionados aos Cultos de Nação ou de vocábulos que migraram das casas de Candomblé diretamente para a língua portuguesa e/ou para o ritual de Umbanda.

Os vocábulos, de modo geral, dividem-se em três grupos:

a) os de caráter eminentemente de definição;

b) os enciclopédicos;

c) os remissivos.

Que possa o leitor ler este trabalho com a mesma compaixão com que os Orixás velam por seus filhos.

Axé!

*O Autor*

# A

**Abaluaê** Forma bastante comum como é reconhecido e chamado o Orixá Obaluaê na Umbanda.

**Abará** Bolinho cuja massa é a mesma do acarajé (de feijão-fradinho), contudo é assado e não frito. À massa se acrescentam camarão seco, azeite de dendê, cebola ralada e pó de camarão. Ela é envolvida em pedaços de folha de bananeira e cozida em vapor, em banho-maria. O vocábulo abará vem do iorubá "àbalá", com o significado de "bolo de arroz".

**Abassá** Por influência dos Cultos de Nação, este termo é empregado como sinônimo de terreiro.

**Abebê** Leque metálico de Oxum (latão) e de Iemanjá (metal prateado), que geralmente traz espelhos.

**Aberém** Pasta de milho com água e açúcar, enrolada em folhas de bananeira.

**Abô** É também conhecido como Abô dos Axés. Trata-se de banho com ervas maceradas nas águas das quartinhas dos Orixás, ao qual se acrescenta o sangue de animais sacrificados, sendo, portanto, comum em casas de Umbanda que se utilizam do corte ritualístico e/ou nas ditas casas cruzadas. (Onde se tocam Umbanda e Candomblé.)

Em algumas casas, o vocábulo Abô é utilizado como sinônimo de amaci, embora, em origem e concepção, sejam banhos diferentes.

**Aborô** Orixá masculino.

**Abrir a gira** Dar início a uma sessão litúrgica (gira) de Umbanda.

**Acaçá** Bolinho feito com milho branco e, às vezes, vermelho, de sabor agridoce e servido em folha de bananeira. O vocábulo deriva do fongbé "akansan" ("pasta de farinha de mandioca") e se relaciona ao haussá "akaza" (creme).

**Acarajé** Bolinho preparado a partir da massa de feijão-fradinho ralado. Geralmente é servido com vatapá e molho à base de camarão seco após ser frito no azeite de dendê. É comida ritualística de Iansã. Deriva do iorubá "àkàrà" (pão) + "onje" (alimento), ou ainda de "àkará" (o bolinho) + "je" (comer).

**Acostar** Ver **Incorporar**.

**Adê** Coroa que compõe as paramentas dos Orixás, em especial as das Iabás.

**Adefantó** Forma comum (algumas vezes pejorativa) como são conhecidos os homossexuais masculinos nos terreiros.

**Adjá** Sineta de metal, com cabo e duas ou mais campânulas, usada para diversos fins, dentre eles, chamar Orixás, Guias e Guardiões. O vocábulo vem do iorubá "àájà", designando espécie de chocalho ritualístico.

**Adjuntó** Quando estiver no singular significa "segundo Orixá da pessoa". No plural, "segundo e terceiro Orixás de cada pessoa".

**Ado** Comida preparada com milho vermelho torrado e moído em moinho temperado com azeite de dendê e mel, oferecida principalmente a Oxum em algumas casas.

**Adô** Cabacinha fechada utilizada como terminação de brajás. Cabaça pertencente a Euá, geralmente coberta de pano, enfeitada com palha-da-costa vermelha e búzios e forrada com pano vermelho, usada para guardar um pó especial, fundamento desse Orixá.

**Adorei as Almas!** Saudação aos Pretos-Velhos e às Pretas-Velhas.

**Africanismo** Uma das matrizes da Umbanda, o africanismo se manifesta de diversas maneiras, como o culto aos Orixás, trazidos pelos negros escravizados, em sua complexidade cultural, espiritual, medicinal, ecológica etc. e o culto aos Pretos-Velhos.

**Afundar** Termo popular para a desincorporação dos Exus, em oposição a subir, utilizado para Orixás e Guias.

Note-se na acepção que, hierárquica e evolutivamente, os Exus se encontram abaixo dos Orixás, bem como a associação com o Diabo cristão, que habitaria as profundezas da terra. Interessante notar que, por outro lado, segundo a cultura, a mitologia e a teologia iorubás, em muitos itãs, quando algum ancestral mítico se torna Orixá, o chão se abre e o ancestral lá mergulha.

**Agebô** Comida ritual de Xangô cuja base é o quiabo.

**Agô** Agô é palavra de origem iorubana que significa tanto pedido de perdão como pedido de licença. Corresponde mais ou menos ao nosso desculpe (pedido de perdão: "Desculpe-me por algo"; pedido de licença: "Desculpe, posso lhe falar um pouquinho?").

**Agogô** Instrumento musical composto de duas campainhas de ferro, de tamanhos diferentes, nas quais se bate com vareta de metal ou madeira.

**Água choca** Cerveja.

**Água preta** Café.

**Aguidavi** Baquetas com que se tocam os atabaques, por influência do Candomblé Ketu. Provavelmente o termo deriva de "agida" ou "ogi-dan", nome com o qual era conhecido um tipo de tambor no antigo

Daomé, ao qual se acrescentou a partícula *vi*, com o sentido de "filho" ou "criança". Dessa forma, a baqueta, enquanto complemento de toque, seria como "filha" do tambor.

**Ajebô**  Ver **Agebô**.

**Aiabá**  Ver **Iabá**.

**Aiê**  Em tradução livre do iorubá designa o plano terreno, em oposição a Orum.

**Aieieu!**  Saudação a Oxum, adaptação popular do Ora ye ye o!

**Alá**  Dossel ou pano branco sob o qual são realizadas certas cerimônias, notadamente de Oxalá.

**Alguidar**  Vasilha de barro utilizada para vários fins em terreiros de Umbanda, notadamente para oferendas a determinados Orixás. Aparador para Pretos-Velhos e abafador (dois vasilhames).

**Alabê**  Por influência dos Cultos de Nação, algumas casas de Umbanda chamam de alabê o responsável pelos Ogãs, pela curimba. O vocábulo, inicialmente, indicava, especialmente na mina maranhense, o tocador de agbê, significando "o dono da cabaça".

**Alma**  Espírito encarnado.

**Aluá**  Bebida refrescante à base de milho torrado, farinha de arroz ou casca de abacaxi. Para fermentar, acrescentam-se água e açúcar mascavo ao milho de pipoca torrado e moído. Depois de sete dias fermentando, acrescentam-se gengibre e açúcar a gosto.

**Amaci**  Ver **Banhos**.

**Amalá** Comida ritualística de Xangô, cuja base é o quiabo. Por extensão, em algumas regiões, este vocábulo designa toda e qualquer comida de Santo, o que reforça a popularidade do Orixá Xangô, o qual, ainda, chega a ser sinônimo de determinado culto de matriz africana em Pernambuco e Alagoas.

O vocábulo designaria pirão ou papa de farinha de arroz, mandioca ou inhame, presentes no caruru (prato cuja base é o quiabo) de Xangô, passando, por extensão, a designar o próprio caruru, o amalá ilá que significa "quiabo". Do iorubá, "àmala" é "pirão de inhame".

**Amolocô** Ver **omolocum**.

**Amuleto** Objeto natural recolhido com o objetivo de atrair energias benfeitoras.

**Anjo da guarda** Além de se referir a anjo propriamente dito, o termo, popularmente, refere-se ao Orixá de cabeça.

**Antropomorfismo** Humanização dos Orixás em mitos, lendas, orikis, pontos cantados etc. de modo a fazer entender suas características energéticas, seus pontos de força e outros. A tradição dos Orixás é milenar e sempre se valeu do antropomorfismo como forma de aproximação dos ensinamentos espirituais e os seres humanos. (Daí os Orixás aparecerem ora calmos, ora irascíveis, bondosos e cruéis, amorosos e vingativos etc.)

A maioria dos segmentos umbandistas entende o antropomorfismo no sentido simbólico e não literal.

Vide **Sincretismo** e **Terceiro Milênio**.

**Aparelho** Forma como são conhecidos os médiuns de Umbanda.

**Ariaxé** O ariaxé fica no centro do terreiro, no alto. Trata-se de uma das colunas energéticas do templo.

**Arriar** Entregar oferendas, seja no terreiro ou nos pontos de força de Orixás, Guias e Guardiões.

**Arriba!** Saudação ao Povo Cigano.

**Arribobô!** Ver **Arroboboi!**.

**Arroboboi!** Saudação a Oxumaré que quer dizer "Salve o arco-íris!" ou "Senhor das Águas Supremas!", dentre tantas possíveis acepções.

**Aruá** Ver **Aluá**.

**Aruanã** Outra forma para Aruanda, provavelmente por influência do linguajar dos Caboclos.

**Aruanda** Plano espiritual, onde se encontram Orixás e Guias. Etimologicamente, o termo parece derivar do topônimo angolense "Luanda".

**Assentamentos** Elementos da natureza (ex.: pedra) e objetos (ex.: moedas) que abrigam a força dinâmica de uma divindade. São consagrados e alojados em continentes (ex.: louça) e locais específicos.

**Assistência** A assistência é composta de pessoas que, regular ou esporadicamente, frequentam as giras. Podem ou não ser umbandistas. Algumas dessas pessoas costumam contribuir com doações para a manutenção do terreiro, festas, atividades assistenciais etc.

Para o bom andamento dos trabalhos, é muito importante as pessoas da assistência manterem o silêncio e o padrão de pensamento elevado, a despeito dos problemas pelos quais estejam passando. O mesmo vale para a participação nas preces e nos pontos cantados (voz e palmas).

Com a assistência visível, vêm ao terreiro uma série de espíritos que tenham autorização para tanto (Os que desejam apenas perturbar são barrados na entrada da casa e, conforme o caso, encaminhados para tratamento.): desencarnados, doentes em fase terminal, pessoas em desdobramento no momento do sono e outros. Todos são amorosamente atendidos e tratados pela Espiritualidade.

Geralmente a assistência fica de frente para o altar, estando entre o mesmo e a assistência o corpo mediúnico da casa.

Quem faz tratamento numa casa de Umbanda não precisa necessariamente tornar-se umbandista: as portas estão sempre abertas a todos que desejem frequentar as giras, os tratamentos espirituais, as festas. Contudo, a Umbanda não faz proselitismo e a decisão de se tornar umbandista e filiar-se a determinada casa é pessoal e atende também à identificação ou não dos Orixás com a casa em questão.

**Associação Brasileira dos Escritores Afro-religiosos** Fundada em 24 de dezembro de 2013, tem como membros escritores, editores, blogueiros, dirigentes espirituais, leitores e interessados em geral umbandistas, candomblecistas e de outras religiões de matriz africana. Um dos objetivos da Associação Brasileira dos Escritores Afro-religiosos (Abeafro) é dar maior visibilidade ao trabalho dos escritores na mídia, nas feiras de livros, no contato com o público em eventos em livrarias, terreiros, centros comunitários etc.

**Atabaques** Os atabaques mais conhecidos são, por influência dos Cultos de Nação, o Rum (maior e som mais grave), Rumpi (que responde ao Rum) e o Lê (que acompanha o Rumpi). Contudo, na maioria das casas de Umbanda, há somente um tipo padrão de atabaque, e não essas variações.

São muito importantes, constituindo-se num dos fundamentos do culto aos Orixás. Formatos, confecções, materiais e modos de tocar variam de acordo com as diversas nações de Candomblé. Entretanto, tanto no Candomblé quanto na Umbanda a hierarquia possui características mais ou menos semelhantes, sendo o Alabê o chefe dos Ogãs, isto é, músicos responsáveis pelo toque e pelo canto (curimba).

Cercados de cuidados especiais e respeito, na Umbanda os atabaques podem também ser tocados por mulheres, o que é bastante raro nos Cultos de Nação. Mesmo que na Umbanda alguns Ogãs também incorporem, quando estão tocando são médiuns de firmeza, grandes responsáveis pela vibração da gira.

**Atotô!** Saudação a Obaluaê que significa "Silêncio!", uma vez que Obaluaê sempre pede silêncio, respeito e seriedade.

**Aunló** O vocábulo deriva do iorubá "ayún" (ida, partida) + "lo" (partir, deixar). Dizer que um Orixá, por exemplo, vai aunló significa que vai desincorporar e, para isso, serão cantados pontos específicos. Dizer que alguém foi aunló significa que a pessoa desencarnou.

**Ave Maria** Oração da tradição católica, amplamente divulgada e difundida na Umbanda, dirigida seja a Maria (Mãe de Jesus), seja às Iabás (especialmente a Oxum).

*Ave Maria, cheia de graça, o Senhor é convosco, bendita sois vós entre as mulheres, e bendito é o fruto do vosso ventre, Jesus. Santa Maria, Mãe de Deus, rogai por nós, pecadores, agora e na hora da nossa morte. Amém.*

**Axé** Energia vital que assegura a existência, o desenvolvimento e as transformações, constantemente movimentada, dinâmica.

As religiões de matriz africana são também popularmente conhecidas como religiões do Axé.

**Axogum** O Ogã que tem mão de corte. Por influência dos Cultos de Nação, as casas de Umbanda que praticam o corte costumam ter um axogum.

**Axoxô** Preparado feito com milho vermelho cozido e refogado com cebola ralada, pó de camarão, sal, azeite de dendê e enfeitado com fatias de coco. O axoxô é comida ritualística de Oxóssi.

**Azeite de dendê** Também conhecido como azeite de cheiro ou epô pupá (por vezes, se usa apenas "epô"), ele é um ingrediente comum na ritualística e na cozinha de Santo, extraído do fruto do dendezeiro.

**Azeite doce** Óleo de oliva. Ingrediente utilizado na ritualística e na cozinha de Santo. Também é conhecido como epô.

# B

**Babá** Dirigente espiritual. O termo se refere tanto ao pai quanto à mãe da casa, embora, originalmente, no Candomblé, babalorixá (também empregado em algumas casas de Umbanda) se referisse aos homens, enquanto ialorixá, às mulheres.

Assim como há casas de Candomblé cuja direção espiritual é confiada a um Ogã, há templos de Umbanda onde o dirigente espiritual não é um médium de incorporação. Em ambos os casos, o dirigente é secundado por um médium rodante.

A direção espiritual da casa é confiada a alguém pela própria Espiritualidade, não bastando os curso de formação em Teologia de Umbanda, ou mesmo a graduação nessa área. Por determinação da Espiritualidade, um filho de fé pode ser designado a participar de um processo de iniciação para o sacerdócio geralmente mais breve do que no Candomblé, com preparação específica (recolhimento, obrigações e outros), ou então o guia de frente, no caso de um filho que pertença ou não à Umbanda, mas tenha mediunidade ostensiva e compromisso espiritual com a Umbanda nesta encarnação, assume a preparação desse filho para a abertura de uma casa, podendo ou não indicá-lo para um processo de preparação com outro(a) babá.

**Babaçuê** Também conhecido como Batuque de Santa Bárbara ou Batuque de Mina, trata-se de culto afro-ameríndio comum no Norte e no Nordeste do Brasil, notadamente no Pará.

No Babaçuê, cultuam-se Orixás e Voduns. Já no Batuque de Santa Bárbara, Iansã é protetora das mulheres e Xangô, dos homens. O Batuque de Mina, por sua vez, cultua Orixás.

O Babaçuê lembra o Candomblé de Caboclo e o Catimbó. Mescla crenças africanas e ameríndias, com forte influência da Nação Jeje. Seus cânticos são conhecidos como Doutrina.

**Babalaô** Forma popular utilizada na Umbanda para o(a) dirigente espiritual, ainda que, em sua origem e no contexto dos cultos de Nação, babalaô seja o sacerdote de Ifá.

**Babalorixá** Dirigente espiritual masculino. Essa forma, de influência dos Cultos de Nação, é pouco empregada na Umbanda, sendo também utilizada indistintamente para homens e mulheres.
Ver **Pai de Santo**.

**Babalossaim** Sacerdote de Ossaim. É raro, porém, casas de Umbanda ditas cruzadas podem ter um babalossaim.

**Babaluaê** Ver **Obaluaê**. Variação de pouca ocorrência na Umbanda.

**Bacuro de pemba** Filho de Santo. "Bacuro", em português, significa "criança". O termo vem do quicongo "mbakulu" ("antepassado", "ancião") ou do quimbundo "bakuru" ("antepassado").

**Baianos** Os Baianos trabalham sob a irradiação de diversos Orixás e, evidentemente, nem todos são realmente baianos ou nordestinos. Alguns, por exemplo, podem ter sido babalorixás de origem diversa, identificando-se, portanto com o culto aos Orixás.

Alegres e brincalhões, adoram festas e apreciam desmanchar trabalhos de magia deletéria, sendo bons conselheiros e orientadores. Gostam muito de dançar, o que, além de ser uma descontraída manifestação de alegria, é também uma maneira dirigida de manipulação de energia. Alguns são genuinamente quimbandeiros, identificando-se, portanto, com os Exus e as Pomba-giras, trabalhando na Esquerda. Também se apresentam, muitas vezes, em giras de Caboclos e Pretos-Velhos.

Irreverentes e batalhadores representam, ainda, o arquétipo do migrante nordestino a enfrentar o cotidiano com determinação. Procuram esclarecer espíritos de vibração deletéria, contudo, quando isso não é possível, costumam "amarrá-los", isto é, isolá-los energeticamente, até o dia em que estejam abertos a conselhos e realmente queiram ser ajudados.

| Algumas características dos Baianos | |
|---|---|
| Apresentação | Chapéu de palha ou de couro, roupa de couro, sotaque e vocabulário tipicamente nordestinos. |
| Atuação | Dão passes e desmancham trabalhos de magia deletéria. Alguns benzem com água e/ou dendê. Trabalham com fortes orações e rezas. |
| Bebidas | Água de coco, batida de coco, cachaça. |
| Comidas | Cocada, coco, farofa com carne seca. |
| Cores | Laranja ou outra definida pela própria entidade. |
| Fumo | Cigarro de palha. |
| Nomes | Chiquinho Cangaceiro, Gentilero, Mané Baiano, Maria do Alto do Morro, Maria do Balaio, Maria Baiana, Maria Bonita, Maria dos Remédios, Sete Ponteiros, Severino, Zé do Berimbau, Zé do Coco, Zé Pelintra, Zé do Prado, Zé do Trilho Verde e outros. |

**Baixar** Incorporar, descer.

**Banda** Ver **Falange**.

**Bandeira** Cores de uma determinada Linha de Umbanda. O vocábulo também é encontrado em algumas casas como sinônimo de falar.

**Bandeira da Umbanda** Saul de Medeiros (Saul de Ogum), presidente da Associação de Umbanda de Caxias do Sul, idealizou uma bandeira que, no dia 1º de junho de 2008, teve seu lançamento oficial no Teatro Municipal Dr. Paulo Machado de Carvalho. Nas palavras de Pai Saul, "A imagem de um lindo sol radiante e, de seu núcleo, sai uma figura que no primeiro instante parece a de um enorme pombo branco, mas olhando com mais atenção, a forma se modifica deixando transparecer um espectro humano angelical e com enormes asas, como se dirigisse a um destino determinado a realizar uma missão.". Pretende-se que a bandeira seja reconhecida por todos os umbandistas.

**Bandô** Espécie de dossel utilizado em várias ocasiões, como saídas de Santo.

**Banhos** A água, enquanto elemento de terapêutica espiritual, é empregada em diversas tradições espirituais e/ou religiosas. Na Umbanda, em poucas palavras, pode-se dizer que a indicação, as formas de preparo, os cuidados, a coleta, sua ritualística ou a compra de folhas, dentre tantos aspectos, devem ser orientados pela Espiritualidade e/ou pela direção espiritual de uma casa. As variações são muitas, contudo procuram atender a formas específicas de trabalhos, bem como aos fundamentos da Umbanda.

A seguir, um quadro sintético dos tipos mais comuns de banhos empregados na Umbanda.

| | |
|---|---|
| Banhos de descarga/ descarrego | Servem para livrar a pessoa de energias deletérias, de modo a reequilibrá-lo. Pode ser de ervas ou de sal grosso, podendo, ainda, serem acrescidos outros elementos. |
| Banho de descarga com ervas | Após esse banho, as ervas devem ser recolhidas e despachadas na natureza ou em água corrente. Depois desse banho, aconselha-se um banho de energização. |
| Banhos de energização | Ativam as energias dos Orixás e Guias, afinando-as com as daquele que toma os banhos. Melhoram, portanto, a sintonia com a Espiritualidade, ativam e revitalizam funções psíquicas, melhoram a incorporação etc. |
| Amaci | Banho mais comum, da cabeça aos pés, ou só de cabeça, orientado por Entidades ou pelo Guia-chefe do dirigente espiritual. Existem também amacis periódicos para o corpo mediúnico, que ritualisticamente o toma. |
| Banho natural de cachoeira | Possui a mesma função dos banhos de mar, porém em água doce. O choque provocado pela queda d'água limpa e energiza. Melhor ainda quando feito em cachoeiras próximas das matas e sob o Sol. |
| Banho natural de chuva | Limpeza de grande força, é associada ao Orixá Nanã. |
| Banho natural de mar | Muito bom para descarregos e energização, em especial sob a vibração de Iemanjá. |

Há outras qualidades de banho, como os de pipoca (de Obaluaê) Barco Turma de um mesmo recolhimento, obrigação, iniciação.

**Barracão** Nome popular para o templo de Umbanda.

**Bater** Tocar.

## Dicionário de Umbanda

**Bater palmas** Forma de saudar, acompanhar pontos cantados e outros. Bater palmas auxilia a estar numa mesma vibração energética, com alegria, entusiasmo, devoção e amor.

Vide **Saudações**.

**Batismo** Um dos Sacramentos da Umbanda. Existe o Batismo tal qual o conhecido como em diversas religiões e o Batismo de recepção, isto é, quando alguém, advindo de outra religião, deseja ser batizado na Umbanda. O Batismo de recepção se dá uma vez que esse sacramento é considerado indelével e válido como elemento de conexão com a Espiritualidade, independentemente da origem religiosa do batizando.

A água está presente nos rituais iniciáticos das mais diversas culturas. Na Umbanda, o Batismo significa a lavagem espiritual e a recepção do irmão de fé pela comunidade. Essa lavagem se repetirá, com múltiplas finalidades e meios, nos banhos ritualísticos.

Conforme visto, a Umbanda reconhece o Batismo realizado em outras religiões. Nesses casos, realiza um Batismo de recepção, representando a entrada na religião, sem necessariamente emitir o documento chamado popularmente de batistério.

Em alguns templos umbandistas, primeiro se batiza a criança na Igreja Católica antes de se realizar o Batismo Umbandista. Tal prática se dá, sobretudo, pela tradição de resistência, em períodos em que a discriminação contra as Religiões de Matriz Africana era mais ostensiva, bem como uma forma de respeito à origem religiosa católica dos pais de muitas das crianças umbandistas.

**Batizar** Ver **Cruzar**.

**Batuque** Designação genérica para o Candomblé de rito jeje-nagô no Rio Grande do Sul, com variações regionais. Alguns segmentos consideram o termo pejorativo, embora seja de grande aceitação nos meio das religiões de matriz africana.

Bat – Bat

**Bebidas** Orixás, Guias e Guardiões têm bebidas próprias, algumas delas, alcoólicas.

O álcool serve de verdadeiro combustível para a magia, além de limpar e descarregar, seja organismos ou pontos de pemba ou pólvora, por exemplo. Ingerido sem a influência do animismo, permanece quantidade reduzida no organismo do médium e mesmo do consulente.

Por diversas circunstâncias, tais como disciplina, para médiuns menores de idade e/ou que não consumam álcool ou lhes tenham intolerância, seus Orixás, Guias e Guardiões não consumirão álcool.

Em algumas casas, o álcool é utilizado apenas em oferendas ou deixado próximo ao médium incorporado.

**Beji** Ver **Ibejis**.

**Bejada** Ver **Ibejada**.

**Benzedura** Ver **Benzimento**.

**Benzimento** Ato de benzer (abençoar), por meio de orações e ritos próprios.

**Berimbau** Instrumento musical de tradição africana, formado por um arco de madeira retesado por fio de arame, em cuja extremidade inferior se prende uma cabaça que funciona como caixa de ressonância. Há variações nos modelos.

**Bissexualidade** Ver **Energias masculina e feminina**.

**Boiadeiros** Também conhecidos como Caboclos Boiadeiros em determinados segmentos umbandistas. Segundo alguns umbandistas, já foram Exus e transitaram de faixa vibratória. Nos Candomblés onde se manifestam Boiadeiros, geralmente fazem funções protetoras das quais os Exus se encarregam na Umbanda.

Beb – Boi

Protetores, utilizam-se do laço e do chicote como armas espirituais contra as investidas de espíritos de vibrações deletérias. Conduzem os espíritos para seu destino e resgatam aqueles que se perderam da Luz.

Certamente muitos desses espíritos, quando encarnados (homens e mulheres), lidaram com o gado, em fazendas, comitivas e outros: vaqueiros, tocadores de viola, laçadores etc. Trabalham para diversos fins, com velas, pontos riscados e rezas fortes.

Sua dança é rápida e ágil. Preferem bebidas fortes, como cachaça com mel (meladinha), vinho tinto, mas também bebem cerveja. Seu dia votivo é quinta-feira. Seu prato preferido é carne bovina com feijão-tropeiro, mas também apreciam abóbora com farofa de torresmo. Em oferendas, usam-se também fumo de rolo e cigarro de palha.

Quanto às vestimentas e identificações, costumam solicitar panos para cobrir a região dos seios das médiuns, chapéus de couro, laços, bombachas e até berrantes. Sua saudação e seu brado costumam ser "Jetruá!" e/ou "Xetro Marrumba Xetro!".

Alguns Boiadeiros: Boiadeiro do Chapadão, Boiadeiro Chapéu de Couro, Boiadeiro de Imbaúba, Boiadeiro do Ingá, Boiadeiro da Jurema, Boiadeiro Juremá, Boiadeiro do Lajedo, Boiadeiro Navizala, Boiadeiro do Rio, Carreiro, João Boiadeiro, João do Laço, Zé do Laço, Zé Mineiro.

**Bombogira** Ver **Pombogira**.

**Bori** Cerimônia do Candomblé também presente em algumas casas de Umbanda. Bori é o ritual de alimentar a cabeça, o Ori, para a iniciação religiosa, para equilíbrio, tomada de decisões, harmonização com os Orixás etc.

Em tradução livre do iorubá, "borí" pode ser entendido como "cultuar a cabeça de alguém".

**Bozó** Forma pejorativa com que são chamados ebós, entregas, oferendas, geralmente lhes atribuindo caráter negativo e deletério.

**Breve** Tipo de patuá em que se cose num invólucro uma oração, para a proteção de quem carrega consigo o breve.

**Burro** Nome com que algumas casas de Umbanda, e mesmo Guias, chamam os médiuns ou aparelhos, em paralelismo com o termo "cavalo".

**Búzios** Sistema divinatório da tradição de Ifá, comum no Candomblé e também em algumas casas de Umbanda, sendo jogados por sacerdotes com ou sem iniciação no Culto a Ifá, ou ainda, por Guias incorporados.

Segundo a tradição das Religiões de Matriz Africana, cada ser humano é ligado diretamente a um Odu, que lhe indica seu Orixá individual, bem como sua identidade mais profunda. Variações à parte (Nações, Umbanda, casas, formas de leitura e interpretação etc.), os 16 Odus principais são assim distribuídos:

| Caídas | Odus | Regências |
|---|---|---|
| 1 búzio aberto e 15 búzios fechados | Okanran | Fala: Exu<br>Acompanham: Xangô e Ogum |
| 2 búzios abertos e 14 búzios fechados | Eji-Okô | Fala: Ibejis<br>Acompanham: Oxóssi e Exu |
| 3 búzios abertos e 13 búzios fechados | Etá-Ogundá | Fala: Ogum |
| 4 búzios abertos e 12 búzios fechados | Irosun | Fala: Iemanjá<br>Acompanham: Ibejis, Xangô e Oxóssi |
| 5 búzios abertos e 11 búzios fechados | Oxé | Fala: Oxum<br>Acompanha: Exu |

# Dicionário de Umbanda

| Caídas | Odus | Regências |
|---|---|---|
| 6 búzios abertos e 10 búzios fechados | Obará | Fala: Oxóssi<br>Acompanham: Xangô, Oxum, Exu |
| 7 búzios abertos e 9 búzios fechados | Odi | Fala: Omulu/Obaluaê<br>Acompanham: Iemanjá, Ogum, Exu e Oxum |
| 8 búzios abertos e 8 búzios fechados | Eji-Onilé | Fala: Oxaguiã |
| 9 búzios abertos e 7 búzios fechados | Ossá | Fala: Iansã<br>Acompanham: Iemanjá, Obá e Ogum |
| 10 búzios abertos e 6 búzios fechados | Ofun | Fala: Oxalufá<br>Acompanham: Iansã e Oxum |
| 11 búzios abertos e 5 búzios fechados | Owanrin | Fala: Oxumaré<br>Acompanham: Xangô, Iansã e Exu |
| 12 búzios abertos e 4 búzios fechados | Eji-Laxeborá | Fala: Xangô |
| 13 búzios abertos e 3 búzios fechados | Eji-Ologbon | Fala: Nanã Buruquê<br>Acompanha: Omulu/Obaluaê |
| 14 búzios abertos e 2 búzios fechados | Iká-Ori | Fala: Ossaim<br>Acompanham: Oxóssi, Ogum e Exu |
| 15 búzios abertos e 1 búzio fechado | Ogbé-Ogundá | Fala: Obá |
| 16 búzios abertos | Alafiá | Fala: Orumilá |

**Búz – Búz**

# C

**Cabana** Terreiro.

**Caboclo** Também conhecidos como Caboclos de Pena, eles formam verdadeiras aldeias e tribos no Astral, representados simbolicamente pela cidade da Jurema, pelo Humaitá e outros. Existem falanges e especialidades diversas, como as de caçadores, feiticeiros, justiceiros, agricultores, rezadores, parteiras e outros, sempre a serviço da Luz, na linha de Oxóssi e na vibração de diversos Orixás. A cor característica dos Caboclos é o verde leitoso, enquanto a cor das Caboclas é o verde transparente. Seu principal ponto de força são as matas.

Nessa roupagem e pelas múltiplas experiências que possuem (encarnações como cientistas, médicos, pesquisadores e outros), geralmente são escolhidos por Oxalá para serem os Guias-Chefe dos médiuns, representando o Orixá de cabeça do médium de Umbanda. (Em alguns casos, os Pretos-Velhos é que assumem tal função.) Na maioria dos casos, portanto, os Caboclos vêm na irradiação do Orixá masculino da coroa do médium, enquanto as Caboclas, na irradiação do Orixá feminino da coroa mediúnica. Todavia, os Caboclos também podem vir na irradiação do próprio Orixá de quando estava encarnado, ou na do Povo do Oriente.

Atuam em diversas áreas e em várias tradições espirituais e/ou religiosas, como no chamado Espiritismo Kardecista ou de Mesa Branca.

Simples e determinados, infundem luz e energia em todos. Representam o conhecimento e a sabedoria que vêm da terra, da natureza, comumente desprezado pela civilização, a qual, paradoxalmente, parece redescobri-los. Também nos lembram da importância do elemento indígena em nossa cultura, a miscigenação de nosso povo, e que a Umbanda sempre está de portas abertas para todo aquele, encarnado ou desencarnado, que a procurar.

Os brados dos Caboclos possuem grande força vibratória, além de representarem verdadeiras senhas de identificação entre eles, que ainda se cumprimentam e se abraçam enquanto emitem esses sons. Brados e assobios são verdadeiros mantras que ajudam na limpeza e no equilíbrio de ambientes, pessoas etc. O mesmo vale para o estalar de dedos, uma vez que as mãos possuem muitíssimos terminais nervosos: os estalos de dedos se dão sobre o chamado Monte de Vênus (porção mais gordinha da mão), descarregando energias deletérias e potencializando as energias positivas, de modo a promover o reequilíbrio.

| | |
|---|---|
| Caboclos de Iansã | Trabalham para várias finalidades, mas especialmente para o emprego e a prosperidade, pelo fato de Iansã ter forte ligação com Xangô. Bastante conhecidos pelo passe de dispersão (descarrego). Rápidos e de grande movimentação (deslocamento), são diretos no falar, por vezes causando surpresa no interlocutor. |
| Caboclos de Iemanjá | Rodam bastante, incorporam com suavidade, contudo mais rápido do que os Caboclos de Oxum. São mais conhecidos por desmanchar trabalhos, aplicar passes, fazer limpeza espiritual, encaminhando para o mar as energias deletérias. |
| Caboclos de Nanã | De incorporação contida, dançam pouco. Por meio dos passes, encaminham espíritos com baixa vibração. Aconselham bastante, explanando sobre carma e resignação. Esses Caboclos são raros. |
| Caboclos de Obaluaê | Raro é vê-los trabalhando incorporados, e quando isso acontece, seus médiuns têm Obaluaê como Orixá de cabeça. Trata-se de velhos pajés. Movimentam-se pouco. Sua incorporação parece-se bastante com a de um Preto-Velho, pois alguns desses Caboclos utilizam-se de cajados para caminhar. Atuam em campos diversos da magia. |

| | |
|---|---|
| Caboclos de Ogum | Com incorporação rápida e mais afeita ao chão, não costumam rodar. Suas consultas são diretas. Conhecidos pelos trabalhos no campo profissional, seus passes geralmente são destinados a doar força física e aumentar o ânimo do consulente. |
| Caboclos de Oxalá | Mais conhecidos por dirigir os demais Caboclos, deslocam-se pouco, mantendo-se fixados em determinado ponto do terreiro. Mais conhecidos pelos passes de energização, raramente dão consulta. |
| Caboclos de Oxóssi | Rápidos, locomovem-se bastante e dançam muito. Geralmente Chefes de Linha, atuam em diversas áreas, em especial com banhos e defumadores. |
| Caboclos de Oxum | A incorporação se dá principalmente pelo chacra cardíaco. Gostam de rodar e são comumente suaves. Concentram-se tanto nos passes de dispersão quanto nos de energização, com ênfase no alívio emocional do consulente. São conhecidos por lidar com depressão, desânimos e outros desequilíbrios psíquicos. Suas consultas geralmente levam o consulente a refletir bastante. |
| Caboclos de Xangô | Com incorporações rápidas e contidas, costumam arriar seus médiuns no chão. Diretos na fala aos consulentes, atuam bastante com passes de dispersão. Principais áreas de atuação: emprego e realização profissional, causas judiciais e imóveis. |

**Cabula** Culto religioso afro-brasileiro do século XIX, no Espírito Santo, com rituais ao ar livre e evocações aos espíritos dos antepassados e utilização de vocabulário de origem banta. A reunião, nas florestas ou em casa determinada, era conhecida como mesa, destacando-se a de Santa Bárbara e a de Santa Maria. O chefe da mesa era chamado de embanda, tendo como ajudantes os cambones. Os adeptos eram conhecidos como camanás; suas reuniões formavam engiras.

**Cacique** Caboclo-chefe de uma casa.

# Dicionário de Umbanda

**Camarinha** Ver **Roncó**.

**Calunga grande** Mar.

**Calunga pequena** Cemitério.

**Camatuê** Ver **Camutuê**.

**Cambona** Cambone do sexo feminino. O mesmo que cambone.

**Cambone** Cambone é o médium de firmeza encarregado de, dentre várias funções, auxiliar os médiuns e a Espiritualidade incorporada, bem como fazer anotações, cuidar de detalhes da organização do terreiro, dar explicações e assistência aos consulentes. Pode ou não incorporar. Alguns cambones são médiuns de desenvolvimento que auxiliam nos cuidados da gira.

Geralmente há um cambone-chefe em cada terreiro.

O vocábulo vem de Tata Cambono, o Ogã responsável, em terreiros bantos/Nação Angola, por dirigir a orquestra e puxar os cânticos.

**Cambono** Cambone do sexo masculino. O mesmo que cambone.

**Camutuê** Cabeça. Do quimbundo "ka" (diminutivo) e "mutuê" ("cabeça"), com o sentido de "pequena cabeça".

**Candomblé** Candomblé é um nome genérico que agrupa o culto aos Orixás jeje-nagô, bem como outras formas que dele derivam ou com eles se interpenetram, as quais se espraiam em diversas nações.

Trata-se de uma religião constituída, com teologia e rituais próprios, que cultua um poder supremo, cujos poder e alcance se fazem espiritualmente mais visíveis por meio dos Orixás.

Sua base é formada por diversas tradições religiosas africanas, destacando-se as da região do Golfo da Guiné, desenvolvendo-se no Brasil a partir da Bahia.

O Candomblé não faz proselitismo e valoriza a ancestralidade, tanto por razões históricas (antepassados africanos) quanto espirituais – filiação aos Orixás, cujas características se fazem conhecer por seus mitos e por antepassados históricos ou semi-históricos divinizados.

Embora ainda discriminado pelo senso comum e atacado por diversas denominações religiosas que o associam à chamada baixa magia, o Candomblé tem cada vez mais reconhecida sua influência em diversos setores da vida social brasileira, dentre outros, a música (percussão, toques, base musical etc.), a culinária (Pratos da cozinha--de-santo que migraram para restaurantes e para as mesas das famílias brasileiras.) e a medicina popular (Fitoterapia e outros).

O Candomblé não existia em África tal qual o conhecemos, uma vez que naquele continente o culto aos Orixás era segmentado por regiões (Cada região e, portanto, famílias/clãs cultuavam determinado Orixá ou apenas alguns.).

No Brasil, os Orixás tiveram seus cultos reunidos em terreiros, com variações, evidentemente, assim como com interpenetrações teológicas e litúrgicas das diversas nações.

Embora haja farta bibliografia a respeito do Candomblé, e muitas de suas festas sejam públicas e abertas a não iniciados, trata-se de uma religião iniciática, com ensino-aprendizagem pautado pela oralidade, com conteúdo exotérico (de domínio público) e esotérico (Segredos os mais diversos transmitidos apenas aos iniciados.).

Conforme sintetiza Vivaldo da Costa Lima,

*[...] a filiação nos grupos de candomblé é, a rigor, voluntária, mas nem por isso deixa de obedecer aos padrões mais ou menos institucio-nalizados das formas de apelo que determinam a decisão das pessoas de ingressarem, formalmente num terreiro de candomblé, através dos ritos de iniciação. Essas formas de chamamento religioso se enquadram no universo mental das classes e estratos de classes de que provêm a*

*maioria dos adeptos do candomblé, e são, geralmente, interpretações de sinais que emergem dos sistemas simbólicos culturalmente postulados. Sendo um sistema religioso – portanto uma forma de relação expressiva e unilateral com o mundo sobrenatural – o candomblé, como qualquer outra religião iniciática, provê a* circunstância *em que o crente poderá, satisfazendo suas emoções e suas outras necessidades existenciais, situar-se plenamente num grupo socialmente reconhecido e aceito, que lhe garantirá status e segurança – que esta parece ser uma das funções principais dos grupos de candomblé – dar a seus participantes um sentido para a vida e um sentimento de segurança e proteção contra 'os sofrimentos de um mundo incerto'.*

## Formação

O Culto aos Orixás, pelos africanos no Brasil, tem uma longa história de resistência e sincretismo, que, impedidos de cultuar os Orixás, valiam-se de imagens e referências católicas para manter viva a sua fé.

Por sua vez, a combinação de cultos que deu origem ao Candomblé, deveu-se ao fato de serem agregados numa mesma propriedade (E, portanto, na mesma senzala.) escravos provenientes de diversas nações, com línguas e costumes diferentes – certamente uma estratégia dos senhores brancos para evitar revoltas, além de uma tentativa de fomentar rivalidades entre os próprios africanos. Vale lembrar que em África o culto aos Orixás era segmentado por regiões: cada região cultuava determinado Orixá ou apenas alguns.

Em 1830, algumas mulheres originárias de Ketu, na Nigéria, filiadas à irmandade de Nossa Senhora da Boa Morte, reuniram-se para estabelecer uma forma de culto que preservasse as tradições africanas em solo brasileiro. Reza a tradição e documentos históricos que tal reunião aconteceu na antiga Ladeira do Bercô (Hoje, Rua Visconde de Itaparica.), nas proximidades da Igreja da Barroquinha, em Salvador (BA). Nesse grupo, e com o auxílio do africano Baba-Asiká, destacou-se Íyànàssó Kalá ou Oká (Iya Nassô). Seu òrúnkó no Orixá (nome iniciático) era Íyàmagbó-Olódùmarè.

Para conseguir seu intento, essas mulheres buscaram fundir aspectos diversos de mitologias e liturgias, por exemplo. Uma vez distantes da África, a Ìyá ìlú àiyé èmí (Mãe Pátria Terra da Vida), teriam de adaptar-se ao contexto local, não cultuando necessariamente apenas Orixás locais (Caraterísticos de tribos, cidades e famílias específicas.) em espaços amplos, como a floresta, cenário de muitas iniciações, porém num espaço previamente estabelecido: a casa de culto. Nessa reprodução em miniatura da África, os Orixás seriam cultuados em conjunto. Nascia o Candomblé.

Ao mesmo tempo em que designava as reuniões feitas por escravos com o intuito de louvar os Orixás, a palavra Candomblé também era empregada para toda e qualquer reunião ou festa organizada pelos negros no Brasil. Por essa razão, antigos Babás e Iyas evitavam chamar o culto aos Orixás de Candomblé.

Em linhas gerais, Candomblé seria uma corruptela de "candonbé" (Atabaque tocado pelos negros de Angola.) ou viria de "candonbidé" (Louvar ou pedir por alguém ou por algo.).

Cada grupo com características próprias teológicas, linguísticas e de culto, embora muitas vezes se interpenetrem, ficou conhecido como nação:

- Nação Ketu;
- Nação Angola;
- Nação Jeje;
- Nação Nagô;
- Nação Congo;
- Nação Muxicongo;
- Nação Efon.

Constituída por grupos que falavam iorubá, dentre eles os de Oyó, Abeokutá, Ijexá, Ebá e Benim, a Nação Ketu também é conhecida como Alaketu.

Os iorubás, guerreando com os jejes, em África, perderam e foram escravizados, vindo mais adiante para o Brasil. Maltratados, foram chamados pelos fons de ànagô (Dentre várias acepções, piolhentos, sujos.). O termo, com o tempo, modificou-se para nàgó e foi incorporado pelos próprios iorubás como marca de origem e de forma de culto. Em sentido estrito, não há uma nação política chamada nagô.

Em linhas gerais, os Candomblés dos estados da Bahia e do Rio de Janeiro ficaram conhecidos como de Nação Ketu, com raízes iorubanas. Entretanto, existem variações em cada nação. No caso do Ketu, por exemplo, destacam-se a Nação Efan e a Nação Ijexá. Efan é uma cidade da região de Ijexá, nas proximidades de Oxogbô e do rio Oxum, na Nigéria. A Nação Ijexá é conhecida pela posição de destaque que nela possui o Orixá Oxum, sua rainha.

No caso do Candomblé Jeje, por exemplo, uma variação é o Jeje Mahin, sendo Mahin uma tribo que havia nas proximidades da cidade de Ketu. Quanto às Nações Angola e Congo, seus Candomblés se desenvolveram a partir dos cultos de escravos provenientes dessas regiões africanas.

De fato, a variação e o cruzamento de elementos de Nações não são estanques, como demonstram o Candomblé Nagô-Vodum, o qual sintetiza costumes iorubás e jeje, e o Alaketu, de nação iorubá, também da região de Ketu, tendo como ancestrais da casa Otampé, Ojaró e Odé Akobí.

### Primeiros terreiros

A primeira organização de culto aos Orixás foi a da Barroquinha (Salvador – BA), em 1830, semente do Ilê Axé Iya Nassô Oká, uma vez que foi capitaneada pela própria Iya Nassô, filha de uma escrava liberta que retornou à África.

Posteriormente, foi transferida para o Engenho Velho, onde ficou conhecida como Casa Branca ou Engenho Velho. Ainda no século XIX, dela originou-se o Candomblé do Gantois e, mais adiante, o Ilê Axé Opô Afonjá.

Entre 1797 e 1818, Nan Agotimé, rainha-mãe de Abomé, teria trazido o culto dos Voduns jejes para a Bahia, levando-os a seguir para São Luís (MA). Traços da presença daomeana teriam permanecido no Bogum, antigo terreiro jeje de Salvador, o qual ostenta, ainda, o vocábulo "malê", bastante curioso, uma vez que o termo refere-se ao negro do Islã. Antes mesmo do Bogum, há registros de um terreiro jeje, em 1829, no bairro hoje conhecido como Acupe de Brotas.

Tumbensi é a casa de Angola considerada a mais antiga da Bahia, fundada por Roberto Barros Reis (dijina: Tata Kimbanda Kinunga) por volta de 1850, escravo angolano de propriedade da família Barros Reis, que lhe emprestou o nome pelo qual era conhecido.

Após seu falecimento, a casa (inzo) passou à liderança de Maria Genoveva do Bonfim, mais conhecida como Maria Neném (dijina: Mam´etu Tuenda UnZambi) gaúcha, filha de Kavungo, considerada a mais importante sacerdotisa do Candomblé Angola. Ela assumiu a chefia da casa por volta dos anos 1909, vindo a falecer em 1945.

Já o Tumba Junçara foi fundado, em 1919 em Acupe, na Rua Campo Grande, Santo Amaro da Purificação (BA) por dois irmãos de esteira: Manoel Rodrigues do Nascimento (dijina: Kambambe) e Manoel Ciríaco de Jesus (dijina: Ludyamungongo), ambos iniciados em 13 de junho de 1910 por Mam'etu Tuenda UnZambi, Mam'etu Riá N'Kisi do Tumbensi.

Kambambe e Ludyamungongo tiveram Sinhá Badá como Mãe Pequena e Tio Joaquim como Pai Pequeno. O Tumba Junçara foi transferido para Pitanga, também em Santo Amaro da Purificação, e posteriormente para o Beiru.

A seguir foi novamente transferido para a Ladeira do Pepino, 70, e finalmente para Ladeira da Vila América, 2, Travessa 30, Avenida Vasco da Gama (Que hoje se chama Vila Colombina.), 30, em Vasco da Gama, Salvador (BA). E assim a raiz foi-se espalhando.

O histórico das primeiras casas de Candomblé e outras formas de culto marginalizadas pelo poder constituído (Estado, classes economicamente dominantes, Igreja etc.), como a Umbanda no século XX, assemelha-se pela resistência à repressão institucionalizada e ao preconceito.

**Candomblé de Caboclo** Modalidade de Candomblé na qual também se trabalha com Caboclos. Durante algum tempo (e ainda hoje, em algumas casas), a participação dos Caboclos era velada, de modo a preservar a "pureza" ritual do Candomblé. Em determinadas casas, além dos chamados Caboclos de Pena, também trabalham os popularmente chamados Caboclos Boiadeiros, ou simplesmente Boiadeiros.

**Candomblé Vegetariano** Ver **Corte**.

**Canjerê** Umbanda Cruzada, praticada no Rio de Janeiro, Minas Gerais e Bahia. Encontra-se também este vocábulo com a acepção de "feitiçaria", "trabalho negativo".

Ver **Macumba**, uma vez que as antigas macumbas cariocas têm "canjerê" como sinônimo.

**Cantinho** Designação de alguns terreiros.

**Canzuá** Casa. Terreiro. Do quiimbundo "ka-nzua", que significa "pequena cabana". Alguns autores identificam o vocábulo como corruptela de "Gantois", nome popular do célebre terreiro de Candomblé de Mãe Menininha (Salvador – BA).

**Caô Cabecile!** Ver **Kaô Cabecile**!

**Características dos Orixás** Após a apresentação do verbete de cada Orixá, especialmente os que são cultuados na Umbanda de modo geral, seguem algumas informações básicas, conforme a lista seguinte, que permitem a identificação e o reconhecimento de cada Orixá. Evidentemente, tais informações variam da Umbanda para o Candomblé, de região para região, de templo para templo.

**Animais:** associados aos Orixás.

**Bebidas:** as mais comuns na Umbanda.

**Chacras:** centros de energia regidos pelo Orixá.

**Cor:** a mais característica na Umbanda. Entre parênteses, as cores mais comuns no Candomblé.

**Comemoração:** data mais comum para a festa do Orixá.

**Comidas:** as mais comuns na Umbanda (lembrando-se de que mesmo quando a Umbanda se utiliza de carne não realiza sacrifícios). As comidas são oferecidas como presentes, agradecimentos, reforço do Axé. Além disso, a Espiritualidade manipula tais elementos para o bem, a defesa, a proteção e o fortalecimento dos indivíduos e da comunidade.

**Contas:** cores mais características das guias na Umbanda. Entre parênteses, as cores mais comuns no Candomblé.

**Corpo humano e saúde:** partes do corpo regidas pelo Orixá ou mais suscetíveis a doenças – somatização de desequilíbrios.

**Elemento:** o mais característico dentre fogo, água, terra e ar.

**Elementos incompatíveis:** as chamadas quizilas (Angola), os euós (iorubá) ou contra-axé são energias que destoam das energias dos Orixás, seja no tocante à alimentação, hábitos, cores etc. No caso da Umbanda, as restrições alimentares, de bebidas, cores etc. ocorrem nos dias de gira, em períodos e situações específicas. Fora isso, tudo pode ser consumido, sempre de modo equilibrado. Contudo, como no Candomblé, há elementos incompatíveis em fundamentos, cores, banhos etc.

**Ervas:** as mais utilizadas (os nomes variam conforme as regiões).

**Essências:** associadas ao Orixá.

**Flores:** associadas ao Orixá.

**Metal:** associado ao Orixá (às vezes, mais de um metal).

**Pedras:** associadas ao Orixá.

**Planeta:** astro relacionado ao Orixá. Neste item, nem todo astro, segundo a Astronomia, é planeta, contudo essa é a terminologia mais comum nos estudos espiritualistas, esotéricos etc.

**Pontos da natureza:** pontos de força regidos pelo Orixá.

**Saudação:** fórmula de invocação e cumprimento ao Orixá.

**Símbolos:** verdadeiros ícones que remetem ao Orixá e/ou a suas características.

**Sincretismo:** conforme as diversas qualidades do Orixá.

**Caridade** Motivação primeira de todo trabalho de Umbanda, a caridade é sinônimo de amor. Doação consciente de tempo, serviço, alimentos etc.

**Carma** Aprendizados que se trazem de outras existências, ou mesmo desta, como consequências da Lei de Retorno ou de Ação e Reação. ("O que se planta, se colhe.") Ao contrário do que reza o senso comum, o carma não é estanque, e pode ser alterado, amenizado, ressignificado por meio de padrão vibratório, posturas e atitudes positivas.

**Carregado** Diz-se de alguém com energias negativas.

**Caruara** Ver **Quebrante**.

**Caruru** Prato votivo dos Ibejis à base de quiabo. O vocábulo também é empregado para a mesa completa e farta em que o caruru, em si, é o prato principal.

**Casa** Terreiro. Como são chamados alguns dos pontos vibracionais de um terreiro. Ver **Pontos Vibracionais**.

**Casa das Almas** Ver **Cruzeiro das Almas**.

**Casa de Culto** Terreiro.

**Casa de Obaluaê** Local do assentamento de Obaluaê.

**Casa de Santo** Terreiro.

**Casa do Caboclo** Local onde se homenageiam o Caboclo fundador da casa, bem como onde se acendem velas para os Caboclos.

**Casa dos Exus** Local dos assentamentos dos Exus dos médiuns, bem como de entregas, oferendas. Também chamada, muitas vezes, de tronqueira, com ela se confundindo.

**Casa dos Orixás** Local onde se mantêm os assentamentos dos Orixás dos médiuns, bem como, por vezes, lhe são entregues oferendas.

**Casa limpa** Casa em que não há demandas.

**Casamento** Um dos sacramentos da Umbanda. Enquanto religião constituída, a Umbanda oferece a bênção matrimonial, geralmente feita pelo Guia-Chefe do terreiro ou outra Entidade com a qual trabalhe o dirigente espiritual da casa.

Mesmo em terreiros onde não se registram bênçãos para casais homossexuais, acolhem-se essas relações e, em nome do amor e dos direitos civis, exigem respeito para com os irmãos com essa orientação sexual. Entretanto, há casas onde o matrimônio é oferecido como sacramento tanto para casais homossexuais quanto heterossexuais.

**Casebre** Terreiro.

**Casinha** O mesmo que tronqueira.

**Catimbó** Fundindo elementos da pajelança (influência indígena) e de cultos bantos (influência afro), o Catimbó é conhecido pela terapêutica notadamente marcado por passes, defumações, banhos lustrais (de purificação). O catimbó é conduzido por mestres, sendo um dos mais conhecidos o Sr. Zé Pelintra.

**Catolicismo** Uma das matrizes da Umbanda, por vezes se confundindo com o próprio Cristianismo. Manifesta-se na Umbanda pelo uso de imagens, orações e símbolos católicos.

A despeito de existir uma Teologia de Umbanda, própria e característica, algumas casas vão além do sincretismo, utilizando-se mesmo de dogmas católicos. Há, por exemplo, casas de Umbanda com fundamentos teológicos próprios, enquanto outras rezam o terço com os mistérios baseados nos dogmas católicos e/ou se utilizam do Credo Católico, onde se afirma a fé na Igreja Católica (conforme indicam Guias e a própria etimologia, leia-se "católica" como "universal", isto é, a grande família humana), na Comunhão dos Santos, na ressurreição da carne, dentre outros tópicos da fé católica. Isso em nada invalida a fé, o trabalho dos Orixás, das Entidades, das Egrégoras de Luz formadas pelo espírito, e não pela letra da recitação amorosa e com fé do Credo Católico.

A força da influência do Catolicismo na Umbanda, portanto, pode ser, em linhas gerais, literal ou simbólica/sincrética.

Em virtude do sincretismo, a maioria dos templos umbandistas apresenta imagens católicas em seus altares. Contudo, há templos que se utilizam de imagens com representações ditas africanas dos Orixás, enquanto outros não usam imagem alguma, mas apenas quartinhas com pedras correspondentes (otás), por exemplo.

É interessante notar que mesmo nos templos em que se valem de imagens católicas (a maioria), a imagem de Obaluaê costuma figurar ao lado das imagens de santos católicos aos quais esse Orixá é sincretizado, notadamente São Lázaro e São Roque. O mesmo vale para outros Orixás e os santos católicos correspondentes pelo sincretismo.

**Diálogo Catolicisimo-Umbanda**

Nas palavras do célebre teólogo Leonardo Boff, em seu texto "O encanto dos Orixás",

*Quando atinge grau elevado de complexidade, toda cultura encontra sua expressão artística, literária e espiritual. Mas ao criar uma religião a partir de uma experiência profunda do Mistério do mundo, ela alcança sua maturidade e aponta para valores universais. É o que representa a Umbanda, religião, nascida em Niterói, no Rio de Janeiro, em 1908, bebendo das matrizes da mais genuína brasilidade, feita de europeus, de africanos e de indígenas. Num contexto de desamparo social, com milhares de pessoas desenraizadas, vindas da selva e dos grotões do Brasil profundo, desempregadas, doentes pela insalubridade notória do Rio nos inícios do século 20, irrompeu uma fortíssima experiência espiritual.*

*O interiorano Zélio Moraes atesta a comunicação da Divindade sob a figura do Caboclo das Sete Encruzilhadas da tradição indígena e do Preto Velho da dos escravos. Essa revelação tem como destinatários primordiais os humildes e destituídos de todo apoio material e espiritual. Ela quer reforçar neles a percepção da profunda igualdade entre todos, homens e mulheres, se propõe potenciar a caridade e o amor fraterno, mitigar as injustiças, consolar os aflitos e reintegrar o ser humano na natureza sob a égide do Evangelho e da figura sagrada do Divino Mestre Jesus.*

*O nome Umbanda é carregado de significação. É composto de OM (o som originário do universo nas tradições orientais) e de BANDHA (movimento incessante da força divina). Sincretiza de forma criativa elementos das várias tradições religiosas de nosso país criando um sistema coerente. Privilegia as tradições do Candomblé da Bahia por serem as mais populares e próximas aos seres humanos em suas necessidades. Mas não as considera como entidades, apenas como forças ou espíritos puros que através dos Guias espirituais se acercam das pessoas para ajudá-las.*

*Os Orixás, a Mata Virgem, o Rompe Mato, o Sete Flechas, a Cachoeira, a Jurema e os Caboclos representam facetas arquetípicas da Divindade. Elas não multiplicam Deus num falso panteísmo mas concretizam, sob os mais diversos nomes, o único e mesmo Deus. Este se sacramentaliza nos elementos da natureza como nas montanhas, nas cachoeiras, nas matas, no mar, no fogo e nas tempestades. Ao confrontar-se com estas realidades, o fiel entra em comunhão com Deus.*

*A Umbanda é uma religião profundamente ecológica. Devolve ao ser humano o sentido da reverência face às energias cósmicas. Renuncia aos sacrifícios de animais para restringir-se somente às flores e à luz, realidades sutis e espirituais.*

*Há um diplomata brasileiro, Flávio Perri, que serviu em embaixadas importantes como Paris, Roma, Genebra e Nova York que se deixou encantar pela religião da Umbanda. Com recursos das ciências comparadas das religiões e dos vários métodos hermenêuticos elaborou perspicazes reflexões que levam exatamente este título O Encanto dos Orixás, desvendando-nos a riqueza espiritual da Umbanda. Permeia seu trabalho com poemas próprios de fina percepção espiritual. Ele se inscreve no gênero dos poetas-pensadores e místicos como Álvaro de Campos (Fernando Pessoa), Murilo Mendes, T. S. Elliot e o sufi Rumi. Mesmo sob o encanto, seu estilo é contido, sem qualquer exaltação, pois é esse rigor que a natureza do espiritual exige.*

*Além disso, ajuda a desmontar preconceitos que cercam a Umbanda, por causa de suas origens nos pobres da cultura popular, espontaneamente sincréticos. Que eles tenham produzido significativa espiritualidade e criado uma religião cujos meios de expressão são puros e singelos revela quão profunda e rica é a cultura desses humilhados e ofendidos, nossos irmãos e irmãs. Como se dizia nos primórdios do Cristianismo que, em sua origem também era uma religião de escravos e de marginalizados, "os pobres são nossos mestres, os humildes, nossos doutores".*

*Talvez algum leitor/a estranhe que um teólogo como eu diga tudo isso que escrevi. Apenas respondo: um teólogo que não consegue ver Deus para além dos limites de sua religião ou igreja não é um bom teólogo. É antes um erudito de doutrinas. Perde a ocasião de se encontrar com Deus que se comunica por outros caminhos e que fala por diferentes mensageiros, seus verdadeiros anjos. Deus desborda de nossas cabeças e dogmas.*

**Cauri** Búzio; do híndi "kauri".

**Caurim** Ver **Cauri**.

**Cavalo** Médium, aparelho. Além do paralelismo com o vocábulo "burro", ainda empregado em algumas regiões, encontra-se em quimbundo o termo "kavalu", com o significado de "amigo".

**Centro** Nome popular para terreiro, certamente por influência do Espiritismo.

**Centro de mesa** Centro espírita (kardecista).

**Cevada** Cerveja.

**Chacras** Por serem ecológicas, as religiões de matriz africana visam ao equilíbrio do trinômio corpo, mente e espírito (holismo), isto é, a saúde física, o padrão de pensamento e o desenvolvimento espiritual de cada indivíduo.

O corpo humano traz em si os quatro elementos básicos da natureza, aos quais se ligam os Orixás. É o envoltório, a casa do espírito, que sente dor e prazer. É, ainda, o meio (médium) pelo qual a Espiritualidade literalmente se corporifica, seja através da chamada incorporação, intuição, psicografia etc. Portanto, deve ser tratado com equilíbrio, respeito e alegria.

Assim como na tradição hebraico-cristã, segundo a qual Deus e os seres humanos viviam juntos no Éden, a tradição iorubá relata que havia livre acesso aos seres humanos entre o Aiê (em tradução livre, o plano terreno) e o Orum (em tradução livre, o plano espiritual). Com a interrupção desse acesso, foi necessário estabelecer uma nova ponte, por meio do culto aos Orixás, em África, o que se amalgamou e resultou, no Brasil, no Candomblé e, em linha histórica diacrônica (para a Espiritualidade o *timing* é sincrônico e em espiral), nas demais religiões de matriz africana.

Em termos gerais, chacras (rodas) são centros de energia físico--espirituais espalhados por diversos pontos dos corpos físico e espirituais que revestem o físico. Os chacras mais conhecidos são sete, mas os que estão nas mãos e nos pés são também muito importantes para o exercício da mediunidade.

Embora haja variações de conceitos na relação entre chacras e Orixás, de modo geral, tem-se a seguinte correspondência:

**1º CHACRA**
**Regente:** Exu, Obaluaê, Pretos-Velhos.
**Nome em sânscrito:** Muladhara (Base e fundamento; suporte).
**Nomes mais conhecidos em português:** Base ou Básico; Raiz; Sacro.

(Muladhara) Localizado na base da coluna, na cintura pélvica. Quando ativo tem a cor vermelho-fogo. Seu elemento correspondente no mundo físico é a terra. Seu som correspondente (bija), segundo segmentos religiosos tradicionais indianos, é LAM. O centro físico do chacra base corresponde às glândulas suprarrenais, as quais produzem adrenalina e são responsáveis por prover a circulação, equilibrar a temperatura do corpo, de modo a prepará-lo para a reação imediata. Trata-se do centro psicológico para a evolução da identidade, da sobrevivência, da autonomia, da autoestima, da realização e do conhecimento. Além disso, acumula impressões, memórias, conflitos e atitudes geradas pelos esforços para conseguir individualidade. Quando em desequilíbrio, produz, dentre outros, anemia, leucemia, deficiência de ferro, problemas de circulação, pressão baixa, pouca tonicidade muscular, fadiga, insuficiência renal e excesso de peso.

**2º CHACRA**

**Regente:** Oxóssi.

**Nome em sânscrito:** Swadhistana (Morada do prazer).

**Nomes mais conhecidos em português:** Gênito-urinário; Esplênico.

Localizado na região de mesmo nome, quando ativo tem a cor laranja. Seu elemento correspondente no mundo físico é a água. Seu som é VAM. O centro físico desse chacra corresponde às glândulas sexuais (ovários, próstata e testículos), responsáveis pelo desenvolvimento das características sexuais masculinas e femininas e pela regulagem do ciclo feminino. Trata-se do centro psicológico para a evolução do desejo pessoal e da força emotiva, da vontade de ter, amar, pertencer, vivenciar a estabilidade (material e emocional) e da necessidade de afeto e segurança. Além disso, acumula padrões negativos decorrentes dos esforços para estabelecer um sistema de apoio para viver e amar. Quando em desequilíbrio, produz, dentre outros, TPM, artrite e disfunções ligadas aos órgãos reprodutivos, tais como mioma e pólipos.

**3º CHACRA**

**Regentes:** Ogum, Oxum.

**Nome em sânscrito:** Manipura (Cidade das joias).

**Nomes mais conhecidos em português:** Plexo Solar; Umbilical.

Localizado na região do diafragma, pouco acima do estômago, quando ativo tem a cor amarela. Seu elemento correspondente no mundo físico é o fogo. Seu som é RAM. O centro físico do plexo solar corresponde ao pâncreas, responsável pela transformação e digestão

**Cha – Cha**

dos alimentos. O pâncreas produz o hormônio insulina, o qual equilibra o açúcar no sangue e transforma o hidrato de carbono. Além disso, as enzimas isoladas pelo pâncreas são fundamentais para a assimilação de gorduras e proteínas. O plexo solar é o centro psicológico para a evolução da mente pessoal e da vontade de saber, aprender, comunicar e participar. Acumula padrões negativos decorrentes dos esforços para desenvolver a inteligência, a expressão de ideias, pensamentos e sonhos. Quando em desequilíbrio, produz, dentre outros, desordens no trato digestivo, diabetes, alergias, sinusite insônia.

### 4º CHACRA

**Regentes:** Xangô, Iansã.

**Nome em sânscrito:** Anahata (O invicto; o inviolado).

**Nome mais conhecido em português:** Cardíaco. Localizado na porção superior do peito, quando ativo apresenta a cor verde. Seu elemento correspondente no mundo físico é o ar, enquanto seu som é YAM. O centro físico do chacra cardíaco é o timo, responsável pela regulação do crescimento, pelo sistema linfático e por estimular e fortalecer o sistema imunológico. Trata-se do centro psicológico para a evolução do idealismo, da capacidade de amar e doar, da visão real do mundo, do autoconceito, além de constituir um ponto de transferência das energias dos chacras inferiores e superiores. O cardíaco é o chacra das emoções, as quais, se não devem ser engolidas, precisam ser buriladas para que não se tornem destrutivas nem para o Eu nem para o próximo. O chacra cardíaco, o quarto dos sete ditos principais, seria o fiel da balança (outra correlação para ser regido por Xangô) entre os três inferiores ("inferior": o que está abaixo) e superiores ("superior": o que está acima), interligando-os, de modo a demonstrar que o equilíbrio está na correlação entre o inferior e o superior, sem qualquer juízo depreciativo do que está abaixo em relação ao que está acima.

Quando em desequilíbrio, produz, dentre outros, palpitação, arritmia cardíaca, rubor, ataque de pânico, pressão alta, intoxicação, problemas no nível de colesterol e acidose.

**5º CHACRA**

**Regentes:** Nanã, Ibejis (todos, em especial este chacra), Oxumaré.

**Nome em sânscrito:** Vishudda (O purificador).

**Nomes mais conhecidos em português:** Laríngeo; Cervical.

Localizado no centro da garganta, próximo ao pomo-de-adão, quando ativo tem a cor azul-clara. Seu elemento correspondente no mundo físico é o éter, enquanto seu som é HAM. Por sua vez, o centro físico do chacra laríngeo corresponde à tireoide, importante para o crescimento do esqueleto e dos órgãos internos, além de regular o metabolismo, o iodo e o cálcio no sangue e nos tecidos (em outras palavras, a tireoide desempenha papel fundamental no crescimento físico e mental). O chacra laríngeo é o centro psicológico da evolução da criatividade, da autodisciplina, da iniciativa, da responsabilidade, do agir transpessoal. Além disso, apresenta a força vibratória responsável pela formação da matéria, de modo a interligar pensamento e forma, mente e matéria. Quando em desequilíbrio, produz, dentre outros, resfriados, herpes, dores musculares ou de cabeça, congestão linfática, endurecimento do maxilar, problemas dentários, além de aumentar a suscetibilidade a infecções virais ou bacterianas.

**6º CHACRA**

**Regentes:** Iemanjá, Nanã, Iansã.

**Nome em sânscrito:** Ajna (Centro do comando).

**Nome mais conhecido em português:** Frontal.

Localizado no meio da testa, quando ativo apresenta a cor azul--escuro (índigo). Não apresenta elemento correspondente no mundo físico. Seu som é OM. Seu centro físico corresponde à pituitária/

hipófise, responsável pela função das demais glândulas. O chacra frontal é o centro psicológico para a evolução do desejo de liderança, integração ao grupo, poder e controle. Liga o corpo inconsciente e o físico (mental). Quando em desequilíbrio, produz, dentre outros, vícios em drogas e em álcool, compulsões, problemas nos olhos (cegueira, catarata etc.) e surdez.

**7º CHACRA**
**Regente:** Oxalá.
**Nome em sânscrito:** Sarashara (Lótus das mil pétalas).
**Nomes mais conhecidos em português:** Coronário; Sublime.

Localizado no topo da cabeça, quando ativo tem a cor violeta, com matizes brancos. Não possui som correspondente no mundo físico, já que possui a mesma condição do Universo, de Deus. Seu centro físico corresponde à glândula pineal, a qual atua no organismo todo (quando falha, dá-se a puberdade tardia). O chacra coronário é o centro psicológico para a evolução da capacidade intuitiva, da experiência espiritual e do sentido de unificação e do divino. Por ser uma ponte entre o inconsciente coletivo e o inconsciente individual, possibilita o acesso ao registro coletivo (akásico) e a libertação da necessidade de controle. Quando em desequilíbrio, produz, dentre outros, desordens no sistema nervoso, insônia, neurite, enxaqueca, histeria, disfunções sensoriais, possessão, obsessão e neuroses.

**Chão** O chão de um terreiro é um de seus pontos vibracionais, por isso sua importância.

**Chefe de cabeça** Guia-Chefe. Geralmente Caboclo ou Preto-Velho.

**Choque de retorno** Lei de Ação e Reação, Lei de Retorno. ("O que se planta, se colhe.").
Ver **Carma**.

**Chorão** Ver **Filá**.

**Ciganos** Os ciganos formam Linha bastante antiga de trabalhos na Umbanda, por vezes apresenta-se na Linha do Oriente e com ela se confunde. Atuam em diversas áreas, em especial no tocante à saúde, ao amor e ao conhecimento, com tratamento e características diferentes das de outras correntes, falanges e linhas. Assim como Povo Cigano, quando encarnado, possui origem antiga e pulverizada em diásporas e pelo nomadismo, o Povo Cigano do Astral assenta-se nos mais diversos terreiros de Umbanda com cada qual poderá trabalhar e evoluir.

Na Espiritualidade os ciganos não estão mais afeitos a tradições fechadas (ciganos apenas casando-se entre eles) e patriarcais terrenas (a mulher sem filhos biológicos praticamente perdendo seu valor perante o marido, a família e a comunidade), podendo atuar com mais liberdade, daí afinarem-se com a Umbanda, conhecida pelo sincretismo e por abrir as portas para diversas linhas espirituais.

Alegres e experientes, trabalham utilizando-se de seus conhecimentos magísticos, tanto na Direita quanto na Esquerda. Se existem Exus e Pombas-Giras ciganos, há também ciganos que, por afinidade e/ou por não encontrar outros caminhos numa casa, trabalham na Linha da Esquerda.

Amparados pela vibração oriental, trajam vestes e adereços característicos, valendo-se de cartas, runas, bolas de cristal, Numerologia e outros expedientes que lhes são familiares. Apreciam também trabalhar com cores (cada cigano tem sua cor de vibração e de velas, embora possa se valer de diversas cores, em virtude dos vastos conhecimentos que possuem) e com incensos. Utilizam-se, ainda, de pedras, bebidas, punhais, lenços e outros elementos para Magia Branca.

Embora haja orações, simpatias e feitiços ciganos espalhados em profusão em livros, revistas, sítios na internet e outros, vale lembrar que a Umbanda, seja na Direita ou na Esquerda, jamais trabalha com qualquer elemento que venha a ferir o livre-arbítrio de alguém. Em muitas casas, Linha do Oriente e Linha Cigana se confundem; em outras, trabalham separadamente (há casas em que aparece apenas a Linha Cigana); existe, ainda, a leitura de que a Linha Cigana seria uma espécie de divisão/falange da Linha do Oriente.

**Coisa feita** Ver **Feitiço**.

**Coité** Cuia feita com casca de coco para diversos fins.

**Colares** Ver **Guias**.

**Comida de Santo** Culinária votiva dos Orixás, Guias e Guardiões.

**Comida seca** Diz-se da oferenda feita sem sacrifício animal. Ver **Corte**.

**Compostagem orgânica** Processo biológico de reaproveitamento de materiais que vem sendo adotado em diversos terreiros. Nas palavras do dirigente espiritual, professor de Geografia, escritor e divulgador do processo Giovani Martins,

*[...] com relação às oferendas, após o tempo mínimo de permanência no altar ou em outros locais sagrados dos Terreiros, são tratadas em sistema de geração de adubos denominado compostagem orgânica. A compostagem é um processo biológico em que os micro-organismos transformam a matéria orgânica, como folhas, papel e restos de comida num material semelhante ao solo, a que se chama composto, e que pode ser utilizado como adubo. Os adubos produzidos a partir desse sistema são utilizados nos herbários que ficam localizados nos próprios Terreiros, em que são plantadas todas as ervas destinadas ao culto aos Orixás e demais atividades ritualísticas. No sistema de compostagem são aproveitadas as frutas, as comidas de santo e outras oferendas que*

*possibilitem o tratamento e reautilização (as carnes vermelhas e/ou brancas não entram no sistema de compostagem). Com a compostagem dá-se uma finalidade sustentável para as oferendas e, ao mesmo tempo em que melhora a estrutura e aduba o solo, gera redução de herbicidas e pesticidas devido à presença de fungicidas naturais e micro-organismos, aumentando a retenção de água no solo. [...]*

**Compadre** Exu (Guardião).

**Comunidades Tradicionais de Matriz Africana** Ver **Religiões de Matriz Africana**.

**Comunidades Tradicionais de Terreiro** Ver **Religiões Tradicionais de Terreiro**.

**Congá** Terreiro. Altar.

**Congá Vivo** Consiste na montagem de um congá (altar) em que atores interpretam os Orixás tais quais são representados e/ou sincretizados na Umbanda.

O Congá Vivo surgiu por iniciativa de Pai Ronaldo Linares, no início da década de 1970, como uma minipeça contando o nascimento da Umbanda. A partir daí, o Congá Vivo passou a ser apresentado em diversas ocasiões.

**Congar** Ver **Congá**.

**Congressos Brasileiros de Espiritismo de Umbanda** Importantes para firmar a Umbanda no cenário nacional, discutir aspectos organizacionais (como federações), religiosos, ritualísticos e outros, ocorreram em 1941, 1961 e 1973 (Rio de Janeiro – RJ). Houve outros congressos nacionais, inclusive com a participação efetiva, temática etc. de outras religiões de matriz africana, como as cinco edições do Congresso Brasileiro de Umbanda do Século XXI (2008, 2009, 2010, 2011, 2012), organizadas pela Faculdade de Teologia Umbandista (São Paulo – SP), que agregou aos mesmos as duas edições do Congresso Internacional de Religiões Afro-brasileiras (2011 e 2012), nomeado Congresso Internacional das Religiões Afro-americanas na edição de 2011.

**Consagração** Dedicação de um médium a seu Orixá de Cabeça.

**Contas** Ver **Guias**.

**Contra-axé** Ver **Características dos Orixás (Elementos incompatíveis)**.

**Contra-egum** Na Umbanda, fio trançado de palha-da-costa, geralmente usado no alto do braço como proteção contra espíritos de vibração deletéria.

**Corimba** Ver **Curimba**.

**Coroa** Chacar coronário. Conjunto de Orixás e Guias de um médium.

**Corpo limpo** Para diversos rituais da Umbanda, inclusive as giras, pede-se, além de alimentação leve, a abstenção de álcool e que se mantenha o "corpo limpo", expressão utilizada em muitos terreiros e que representa a abstenção de relações sexuais.

No caso da abstenção de álcool, o objetivo é manter a consciência desperta e não permitir que se abram brechas para espíritos e energias com vibrações deletérias. No tocante à abstenção sexual, a expressão "corpo limpo" não significa que o sexo seja algo sujo ou pecaminoso: em toda e qualquer relação, mesmo a mais saudável, existe uma troca energética; o objetivo da abstenção, portanto, é que o médium mantenha concentrada a própria energia e não se deixe envolver, ao menos momentaneamente, pela energia de outra pessoa, em troca íntima.

O período dessas abstenções varia de casa para casa, mas geralmente é de um dia. Pode ser da meia-noite do dia do trabalho até a "outra" meia-noite, ou do meio-dia do dia anterior ao trabalho até as

12h do dia seguinte ao trabalho etc. Há períodos maiores de abstenções chamados de preceitos ou resguardos.

Em casos de banhos e determinados trabalhos, além de época de
preceitos e resguardos, também há dieta alimentar específica, além
de cores de vestuário que devem ser evitadas, salvas exceções como
as de uniformes de trabalho, por exemplo.

**Corpos** Conceitos com que se trabalham na Medicina Holística, os
quais se popularizaram com conhecimentos vindos do Oriente, da
Teosofia e outros.

Ver **Mentores de Cura**.

*Corpo físico (soma)* – Estrutura de carne, músculos, nervos, ossos,
vasos e pele, a partir da qual se estabelece uma sequência de estruturas
utilizadas que permitem ao espírito manifestar-se no invólucro físico.

*Duplo Etérico* – Fonte geradora de energias, é responsável pelos
chamados automatismos vitais. Constitui-se na sede dos chacras.

*Corpo Astral* – Modelo Organizador Biológico. Serve de molde
para a constituição do corpo físico. Sede das emoções, recebe e executa
programações estabelecidas em memórias anteriores, a fim de que
o encarnado possa evoluir de acordo com o reajuste de propósitos
e ações.

*Corpo Mental Inferior* – Compreende os atributos dos cinco sentidos e da intelectualidade.

*Corpo Mental Superior* – Rege a vontade e a imaginação.

*Corpo Búdico* – Banco de dados da consciência, responsável pelo
armazenamento das experiências do espírito. Nele se traçam as diretrizes do projeto de vida a ser empreendido pelo espírito quando
encarnado.

*Corpo Átmico (Mônada ou Centelha Divina)* – Princípio e motor
da vida.

**Outra forma de entender os diversos corpos:**

*Etérico* – contém a energia dos órgãos, expandindo-se ou retraindo-se conforme o funcionamento dos mesmos. Filtro sutil das emoções e dos pensamentos em harmonia, quando saturado, exporta as desarmonias para o corpo físico, que funciona como filtro mais denso. O corpo etérico constitui-se de linhas de força responsáveis por modelar e firmar a matéria física dos tecidos do corpo.

*Emocional* – de estrutura mais fluida que a do corpo etérico, associa-se aos sentimentos e apresenta contornos semelhantes aos do corpo físico. Nele arquivam-se as sensações, emoções, sentimentos etc. relacionados a esta encarnação, desde o momento da concepção. Por outro lado, não arquiva processos de ideias e/ou pensamentos, função do mental. Constitui-se de nuvens coloridas em contínuo movimento.

*Mental* – contém a estrutura das ideias e, por essa razão, associa-se a pensamentos e processos mentais. Funciona como uma verdadeira biblioteca, uma vez que arquiva toda sorte de pensamentos, padrões individuais, familiares, sociais, assim como a habilidade do raciocínio lógico. Em equilíbrio, apresenta-se translúcido, como emanações douradas semelhantes a bolhas.

*Extrassensorial* – abarca as percepções oriundas de formas não materiais, como a intuição, a visão de outros planos, a sensibilidades ao meio ambiente ou a outros seres, a projeção da consciência (a outros lugares ou épocas) e a leitura do campo eletromagnético planetário ou astral. É formado por nuvens multicoloridas.

*Etérico superior* – neste campo de energia desenvolve-se o corpo físico. Apresenta, portanto, as formas padronizadas e definidas para a reencarnação. Formado de linhas transparentes sobre um fundo azul-escuro (espaço sólido), nele o som cria a matéria.

*Emocional superior* – nível responsável pelo êxtase espiritual, este plano de identificação com o divino é formado por pontas de luz.

Contém os arquivos das emoções de toda a existência do ser, assim como a clara percepção do porquê da vida presente do encarnado.

*Mental/causal* – armazena as impressões de vidas anteriores e contém os corpos áuricos relacionados à encarnação atual do indivíduo, de modo a protegê-los e mantê-los unidos. Nível mais forte e elástico do campo áurico, contém, ainda, a corrente principal de força que se desloca ao longo da espinha, a qual liga o encarnado à energia primordial.

**Corredor de gira** Frequentador de terreiros que supõe ter mais conhecimento que os Guias e Guardiões, mantendo para tanto frequentes conversações com os mesmos.

**Corrente vibratória** Em círculo, ou semicírculo, os médiuns dão-se as mãos, com a direita espalmada para baixo (dar, oferecer) sobre a esquerda do(a) companheiro(a), espalmada para cima (receber, acolher). Essa corrente vibratória é utilizada em diversas tradições religiosas e/ ou espirituais, bem como em grupos de apoio, de teatro etc.

**Cosme e Damião** Ver **Linha de Yori**.

**Cosminha** Entidade infantil com energia feminina.

**Cosminho** Entidade infantil com energia masculina. Vocábulo comumente empregado também para entidade infantil com energia feminina.

**Corte** Sacrifício ritual.

Na Umbanda, em cuja fundamentação não existe o corte, embora diversas casas dele se utilizem, por influência dos Cultos de Nação, os elementos animais, quando utilizados (há casas que não os utilizam nem mesmo nas chamadas entregas aos Orixás), crus ou preparados na cozinha, provêm diretamente dos açougues. No primeiro caso, usam-se, por exemplo, língua de vaca, sebo de carneiro (por vezes

Cor – Cor

confundido com e/ou substituído por manteiga de carité), miúdos etc. No segundo, nas palavras de Rubens Saraceni,

> [...] *Mas só se dá o que se come em casa e no dia a dia. Portanto, não há nada de errado porque a razão de ter de colocar um prato com alguma comida 'caseira' se justifica na cura de doenças intratáveis pela medicina tradicional, causadas por eguns e por algumas forças negativas da natureza. (...) Observem que mesmo os Exus da Umbanda só pedem em suas oferendas partes de aves e de animais adquiridos do comércio regular, porque já foram resfriados e tiveram decantadas suas energias vitais (vivas), só lhes restando proteínas, lipídios etc., que são matéria.*

Os animais criados em terreiros de Candomblé para o corte são muito mais bem cuidados e respeitados do que aqueles criados enjaulados, com alimentação inadequada para engordar etc. O animal, para o corte, não pode sofrer. Algumas partes são utilizadas para rituais, as demais são consumidas como alimento pela comunidade e pelo entorno.

Há casas de Candomblé que não cortam, cortam pouco ou se utilizam, como na Umbanda, de elementos animais comprados no comércio. Algumas casas de Ketu com esse procedimentos são chamadas de Ketu frio em contraposição às de Ketu quente, ou seja, as que cortam. Todas as casas sérias precisam ser respeitadas, pois seus fundamentos são estabelecidos com a Espiritualidade, adaptados ou não. Fundamento é fundamento, diferente de modismos. Por outro lado, há casas que cortam demais, que se vangloriam do número de animais cortados. Contudo, não é a quantidade que faz uma ceia sagrada e comunal saborosa, mas a qualidade do alimento, o preparo com amor etc.

Nesse contexto, despontou o chamado Candomblé Vegetariano, modalidade com fundamentos adaptados para o vegetarianismo capitaneada por Iya Senzaruban (Ile Iya Tunde). Difere do chamado Ketu frio, onde se utilizam elementos animais, mas sem o corte.

Embora diversas casas, ao longo de sua história, tenham extinguido o corte de seus fundamentos, a casa de Iya Senzaruban e as de seus filhos ganharam notoriedade, inclusive pelo número de críticas feitas pela parcela do Povo de Santo que se posiciona totalmente contrária à abolição do corte no Candomblé.

Com relação ao corte, diálogo, respeito e compreensão são fundamentais para que todos se sintam irmanados, cada qual com sua individualidade e seus fundamentos. Diferenças não precisam ser necessariamente divergências.

Além do sangue propriamente dito (ejé, menga, axorô), importante no Candomblé para a movimentação do Axé, há outros elementos também conhecidos como sangue (vermelho, branco e preto), associados aos reinos animal, vegetal e mineral. Todos são importantíssimos condensadores energéticos, o que não significa que todos sejam usados no dia a dia dos terreiros. É importante perceber que estão em toda parte, nos chamados três reinos, movimentando Axé.

| SANGUE VERMELHO | |
|---|---|
| Reino animal | Sangue propriamente dito. |
| Reino vegetal | Epô (óleo de dendê), determinados vegetais, legumes e grãos, osun (pó vermelho), mel (sangue das flores) etc. |
| Reino mineral | Cobre, bronze, otás (pedras) etc. |

| SANGUE BRANCO | |
|---|---|
| Reino animal | Sêmen, saliva, hálito plasma (em especial do ibi, tipo de caracol) etc. |
| Reino vegetal | Seiva, sumo, yierosun (pó claro), determinados vegetais, legumes e grãos etc. |
| Reino mineral | Sais, giz, prata, chumbo, otás etc. |

Cor – Cor

| SANGUE PRETO | |
| --- | --- |
| Reino animal | Cinzas de animais. |
| Reino vegetal | Sumo escuro de determinadas plantas, waji (pó azul), carvão vegetal, determinados vegetais, legumes, grãos, frutos e raízes etc. |
| Reino mineral | Carvão, ferro, otás, areia, barro, terra etc. |

Para legitimar a não utilização do corte na Umbanda, Míriam de Oxalá se vale dos estudos e de citação de Fernandez Portugal. Para a autora,

*vale a pena citar de Fernandez Portugal, renomado escritor africanista, em seu livro* Rezas-Folhas-Chás e Rituais dos Orixás, *publicado pela Ediouro, o item 'Ossaiyn, O Senhor das Folhas': 'Segundo a tradição yorubá, sem ejé e sem folhas não há culto ao Orixá, mas pode-se iniciar um Orixá apenas utilizando-se folhas, pois existem folhas que substituem o Ejé." O grifo é nosso e tais conceitos são, para nós umbandistas, bem conhecidos.*

Observe-se, noutro contexto, como ecoam tanto as palavras de Portugal quanto as de Miriam de Oxalá. Para Orlando J. Santos,

*Para se fazer um EBÓ 'tudo que a boca come' é preciso ter esgotado todas as possibilidades de resolver o caso a partir das ervas: akasá, obi, orobô etc. Sabemos que: obi, orobô e certas folhas, quando oferecidos aos Orixás dentro do ritual, valem por um frango, cabrito, carneiro, Portanto, em muitos casos, substitui o EJÉ, 'sangue animal'.*

No Candomblé, por sua vez e ao contrário do que sustenta o senso comum, o qual associa a religião à "baixa magia", prefere-se a criação própria, mais integrada e ecológica. A respeito do aproveitamento do elemento animal em rituais e no cotidiano do Ilê, Iya Omindarewa afirma:

**Cor – Cor**

*Uma parte é oferecida ao Orixá, fica aos seus pés até o dia seguinte e depois é dividido entre as pessoas da comunidade. Essa carne é cozida e preparada num ritual muito absoluto, e é totalmente aproveitada. O restante é para alimentar o povo da festa, gente da casa e os vizinhos. Tem um sentido, nada é feito à toa. É oferecida ao animal uma folha; se ele não comer não será sacrificado, pois não foi aceito pelo Orixá.*

Mãe Stella de Oxóssi, quando perguntada se o século XXI corresponderia ao fim do uso de animais em rituais do Candomblé, responde:

*Mas neste século XXI o que mais tem é churrascaria! Mata-se o boi, a galinha e o carneiro para comermos. Só porque usamos animais em nossos rituais, fiam falando que deve acabar. O animal mais bem aproveitado é aquele que é morto nos rituais de Candomblé, porque se aproveita tudo: a carne, que alimenta muita gente, o couro...*

Em síntese, nos rituais, o corte no Candomblé está associado à ceia comunal: come o Orixá e comem fiéis e convidados do mesmo prato. A base desse fundamento é a utilização do sangue (ejé, menga, axorô) para a movimentação do Axé, o que, aliás, não ocorre apenas em situações de ceia comunal, mas também em ebós, quando apenas os Orixás ou entidades comem.

Nas palavras de Iya Omindarewa,

*[...] Está na cabeça da gente que não se pode fazer o sacrifício, pegar energia de uma coisa viva e passar para outra. Admite-se comer um bom bife, uma galinha ou porco para alimentar o corpo. Mas não se admite captar a energia dos animais, das folhas, da Natureza toda para fortalecer sua cabeça. Isso não faz sentido; vamos andar descalços porque não se pode usar o couro? Não vamos comer folhas, milho, carne porque são da Natureza? E como o ser humano vai viver? A vida não é*

Cor – Cor

*uma luta? Pega-se uma coisa pela outra e depois não retorna tudo para a terra? Isso tudo é uma grande bobagem. O sacrifício significa dar ao Orixá uma certa energia que ele devolve em troca. Tudo depende das ocasiões; não é durante toda a vida que vamos matar bichos, mas em grandes momentos, como nas Feituras, quando é necessário.*

**Couro de Santo** Ver **Surra de Santo**.

**Cozinha** Local para o preparo de pratos ritualísticos e mesmo para cuidados gerais da casa. Alguns terreiros não dispõem de cozinha, sendo utilizada a da casa do dirigente espiritual ou a de algum médium.

Em linhas gerais, o uso ritualístico da cozinha pressupõe o mesmo respeito e o mesmo cuidado de outras cerimônias de Umbanda, como as giras, as entregas e outros: roupas apropriadas, padrão de pensamento específico e centramento necessário etc. Além disso, os médiuns devem ser cruzados para a cozinha e/ou estarem autorizados a nela trabalhar.

**Cozinha de Santo** Ver **Comida de Santo**.

**Credo** Oração católica bastante comum em templos umbandistas, mas não necessariamente interpretada à luz dos dogmas do Catolicismo, como quando se afirma a fé na Igreja Católica (conforme indicam Guias e a própria etimologia, leia-se "católica" como "universal", isto é, a grande família humana), na Comunhão dos Santos, na ressurreição da carne, dentre outros tópicos da fé católica.

Conhecida também popularmente como "Creio em Deus Pai", da mesma forma como orações de tantas manifestações e segmentos religiosos, cria uma egrégora protetora e facilita a concentração ao ser recitada.

*Creio em Deus Pai Todo-Poderoso, criador do céu e da terra e em Jesus Cristo, seu único Filho Nosso Senhor, que foi concebido pelo poder do Espírito Santo. Nasceu da Virgem Maria, padeceu sob Pôncio Pilatos, foi crucificado, morto e sepultado, desceu a mansão dos mortos, ressuscitou ao terceiro dia, subiu aos Céus, está sentado à direita de Deus Pai todo-poderoso, donde há de vir a julgar os vivos e mortos. Creio no Espírito Santo, na Santa Igreja Católica, na comunhão dos santos, na remissão dos pecados, na ressurreição da carne, na vida eterna. Amém.*

**Cristianismo** Ver **Catolicismo**.

**Criança** Conhecidos como Crianças, Ibejis, Ibejada, Dois-Dois, Erês, Cosminhos e outros tantos nomes, representam na Umbanda a alegria mais genuína, a da criança (e, consequentemente, da criança interior de cada um). Espíritos que optaram por essa roupagem, geralmente desencarnaram com pouca idade terrena.

São bastante respeitados por outros Guias, como Caboclos e Pretos-Velhos, possuindo funções específicas. No Candomblé, por exemplo, quando o Orixá não fala, o Erê funciona como seu porta-voz. Além disso, protege o médium de muitos perigos. Os nomes dos Erês no Candomblé geralmente correspondem ao regente da coroa mediúnica. Exemplos: Pipocão e Formigão (Obaluaê), Folhinha Verde (Oxóssi) e Rosinha (Oxum). Já na Umbanda, embora possa haver referências ao Orixá dono da coroa do médium, os nomes comumente reproduzem nomes brasileiros, tais como Rosinha, Cosminho, Pedrinho, Mariazinha e outros. Quanto aos quitutes, na Umbanda, as Crianças, no geral, pedem doces, balas, refrigerantes, frutas. Por influência do Candomblé, algumas casas também servem caruru.

Como no caso das crianças encarnadas, esses irmãozinhos do Alto precisam amorosamente de limite e disciplina. As brincadeiras são animadas, mas isso não deve significar bagunça ou impedir comunicações. Há os que pulam, preferem brinquedos, choram, ficam mais quietinhos, enfim: são formas quase despercebidas de descarregar e equilibrar o médium, a casa, a assistência. Preferem consultas a desmanches de demandas e desobsessões, são bastante sinceros sobre os desequilíbrios dos consulentes, bons conselheiros e curadores. Utilizam-se de quaisquer elementos e manipulam energias elementais sob a regência dos Orixás.

O calendário especial de comemoração das Crianças é extenso e variado: inicia-se em 27 de setembro (São Cosme e São Damião) e vai até 25 de outubro (São Crispim e São Crispiniano); contudo a maioria das festas ocorre próxima ao 27 de setembro.

**Cruzamento** Espécie de consagração específica, com fechamento às energias deletérias e abertura dos canais mediúnicos, visando ao equilíbrio. O vocábulo também se refere à bênção, à consagração de objetos, roupas e outros.

**Cruzeiro das Almas** Local para reverenciar e oferendar os Pretos-Velhos e acender velas para as almas. Há casas onde também se saúda Obaluaê, acendendo-lhe velas no Cruzeiro das Almas.

**Cufar** Ir aunló, desencarnar. Vocábulo utilizado em algumas casas de Umbanda, por influência dos Cultos de Nação.

**Culto a Ifá** O Culto a Ifá, cujo patrono é Orumilá (símbolo: camaleão), tem crescido no Brasil, havendo diversas casas a ele dedicadas. O sacerdote de Ifá é o Babalaô ("pai do segredo"; não confundir com o babalaô de Umbanda, sinônimo de dirigente espiritual ou babá). O Alabá ("alabá" é também o sacerdote-chefe da sociedade secreta Egungum, bem como título de honra de algumas autoridades do Candomblé) é o chefe dos Oluôs (o oluô é um grau entre os sacerdotes de Ifá). O iniciante é chamado de Kekereaô-Ifá, tornando-se Omo-Ifá (filho de Ifá) após o chamado pacto.

O sistema divinatório de Ifá, aliás, não se restringe apenas aos búzios, mas abarca outras técnicas, dentre elas os iquines (16 caroços de dendê) e o opelê (corrente fina, aberta em duas, contendo cada parte quatro caroços de dendê).

**Culto aos Egunguns** Trata-se do culto aos Ancestrais, os quais têm o merecimento de apresentar-se invocados em forma corporal. Apenas os espíritos devidamente preparados podem ser invocados e materializados.

Nos terreiros devotados aos Egunguns, a invocação dos ancestrais converte-se na essência do culto, e não a invocação dos Orixás, como nos terreiros de Candomblé. O culto aos ancestrais é também o culto ao respeito hierárquico, aos "mais velhos". Os Egunguns abençoam, aconselham, mas não são tocados e permanecem isolados dos encarnados, controlados pelos sacerdotes (ojés). Apresentam-se com vestimentas coloridas, ricas e com símbolos que permitem ao observador identificar sua hierarquia.

Os Egunguns mais antigos são conhecidos como Agbás, manifestam-se envolvidos por muitas tiras coloridas (*abalás*), espelhos e por um tipo de avental (bantê). Os mais jovens são os Aparakás, sem vestimenta e forma definidas. Nesse culto, manifestam-se apenas os ancestrais masculinos, sendo também cuidados apenas por homens, embora haja mulheres com funções específicas no culto. Por outro lado, Oyá Igbalé, também conhecida como Iansã Balé, é considerada e respeitada como rainha e mãe dos Egunguns, cultuada, portanto, em assentamento próprio e especial.

O foco do culto aos Egunguns em solo brasileiro seria a Ilha de Itaparica, a partir dos terreiros de Vera Cruz (cuja fundação data de cerca de 1820); da fazenda Mocamdo, em local conhecido como Tuntun; e da Encarnação. Todos esses terreiros são ancestrais do Ilê Agboulá, no Alto da Vela Vista. Já no continente, em Salvador, destacou-se o terreiro do Corta-Braço, na estrada das Boiadas, hoje o bairro da Liberdade.

Em contrapartida, as mulheres organizaram-se em sociedades como Geledé, Geledés ou Gueledés. Segundo Nei Lopes, Gueledés são:

*máscaras outrora usadas no candomblé do Engenho Velho, por ocasião da Festa dos Gueledés, em 8 de dezembro. O nome deriva do iorubá Gèlèdé, sociedade secreta feminina que promove cerimônias e rituais semelhantes ao da sociedade Egungum, mas não ligados a ritos funerários, como os daquela. Por extensão, passou a designar as cerimônias e as máscaras antropomorfas esculpidas em madeira. No Brasil, a sociedade funcionou nos mesmos moldes iorubanos e sua última sacerdotisa foi Omoniké, de nome cristão Maria Júlia Figueiredo. Com sua morte, encerram-se as festas anuais, bem como a procissão que se realizava no bairro da Boa Viagem.*

A própria Irmandade de Nossa Senhora da Boa Morte, fundamental para a organização do Candomblé tal qual o conhecemos hoje reflete a força do feminino no culto aos Orixás.

**Culto aos Orixás** Chamada genericamente de Culto aos Orixás, trata-se de tendência e prática que visa a se aproximar ainda mais das raízes africanas, no que tange ao formato e à organização do culto em si, à liturgia, ao uso de línguas dos antepassados, dentre outros elementos.

**Culto de Nação** De modo genérico, Candomblé e suas diversas Nações.

**Curiador** Bebida.

**Curiar** Beber. Interessante que vem do quimbundo, "ku-dia" ("comer"), que corresponde a "kulya", em umbundo.

**Curiau** Ebó. Comida de Santo.

**Curimba** Em espaço previamente destinado ficam os atabaques, bem como o coro, o que se denomina de curimba (toque e canto). Embora todos os envolvidos na gira (médiuns da casa e assistência) sejam convidados a cantar os pontos, o papel do coro é fundamental para que se mantenha a vibração desejada. Do quimbundo "kuimba" ("cantar"), correspondente ao umbundo "okuimba".

**Curimbeiro(a)** Responsável pelos pontos cantados. Por vezes, mais de um(a).

# D

**Dar as costas** Ver **Surra de Santo**.

**Dar passagem** Afastar-se (Orixá, Guia ou Guardião) para que outra entidade incorpore no médium.

**Datas comemorativas** Trata-se das principais festas, as que se destacam entre trabalhos, obrigações e outros. O calendário varia bastante: por região, por influência dos Cultos de Nação, pelo cronograma específico de cada casa. Contudo, geralmente é guiado pelo calendário católico.

| Principais datas comemorativas (Homenagens e festas) | |
| --- | --- |
| Oxóssi | 20 de março – São Sebastião |
| Ogum | 21 de abril – São Jorge |
| Pretos-Velhos | 13 de maio – Abolição da Escravatura |
| Ogum | 13 de junho – Santo Antônio |
| Exu | 13 de junho – Santo Antônio |
| Santa Sara e Povo Cigano | 24 de maio – Santa Sara |
| Nanã | 26 de julho – São Joaquim e Sant'Ana |
| Xangô | 30 de setembro – São Jerônimo |
| Obaluaê | 15 de agosto – São Roque |
| Ibejada | 27 de setembro – São Cosme e São Damião |
| Xangô | 30 de setembro – São Jerônimo |
| Oxum | 12 de outubro – Nossa Senhora Aparecida |

| Principais datas comemorativas (Homenagens e festas) | |
| --- | --- |
| Ibejada | 25 de outubro – São Crispim e São Crispiniano |
| Dia da Umbanda | 15 de novembro – Dia da Umbanda |
| Iansã | 04 de dezembro – Santa Bárbara |
| Iemanjá | 08 de dezembro – Nossa Senhora da Imaculada Conceição |
| Obaluaê | 17 de dezembro – São Lázaro |
| Oxalá | 25 de dezembro – Natal |

**Deburu** Pipoca.

**Decá** No Candomblé, e também em alguns terreiros de Umbanda, receber o decá significa ser investido na função de pai ou mãe de santo. Nessa cerimônia, o(a) novo(a) sacerdote(isa) recebe uma cuia contendo navalha, faca e tesoura, símbolos do poder de raspar filhos de santo. Na Umbanda, muitas vezes, receber o decá significa tornar--se sacerdote, sem necessariamente os elementos associados ao corte ritualístico.

O termo decá teria origem numa cerimônia semelhante realizada no Benim e conhecida como *"dô non dê ka me"*, sendo as palavras *dê* e *ka* traduzidas respectivamente por "fruto, noz de dendezeiro" e "cabaça" ou "cuia".

**Defumação** Uma das mais conhecidas formas de limpeza energética feitas na Umbanda, a defumação ocorre não apenas no início dos trabalhos (especialmente das giras), mas em outros locais e circunstâncias onde se fizerem necessárias.

As maneiras de se defumar um terreiro ou outro local variam em casa ou local de trabalho, por exemplo, fazendo ou não um percurso em X em cada cômodo. Contudo, no caso de residência ou comércio, prevalece o hábito de se defumar dos fundos para a porta de entrada (limpeza) e da porta de entrada para os fundos (energização).

**Defumador** Turíbulo ou tabletes para defumação.

**Demanda** Confusões, desentendimentos, dificuldades, mal estar etc. provocados pela ação de outrem. A demanda pode ocorrer contra alguém, uma instituição, uma casa religiosa. O equilíbrio energético (pensamento, palavras, atos) e trabalhos específicos de defesa e proteção auxiliam a evitar os efeitos indesejáveis de demandas.

**Demandeiro** O que provoca demandas por meio de ações energético-espirituais deletérias.

**Descarga** Limpeza de energias e fluidos pesados por meios diversos (banhos, descarregos etc.).

**Descarregar** Realizar descarga.

**Descer** Incorporar, baixar.

**Desencarnar** Morrer, vir a óbito, desligar-se do corpo carnal, embora, mesmo após a morte, alguns espíritos permaneçam agarrados aos despojos carnais, por apego, ignorância, culpa etc. até que se permitam ser socorridos.

**Desenfeitiçar** Anular a ação de um feitiço. Pela Lei de Ação e Reação, um trabalho de quebra de demanda ou feitiço, na Umbanda, jamais enviará de volta a seu autor a energia deletéria projetada contra outrem. Ou a mesma se desagrega ou retorna a seu autor conforme a afinidade, o carma ou determinação de aprendizado espiritual permitido pela própria Espiritualidade.

**Desenvolvimento** Aprendizado e amadurecimento das faculdades mediúnicas (quaisquer que sejam) a fim de se trabalhar de modo equilibrado e responsável.

**Desenvultamento** Ver **Desenfeitiçar**.

**Desmanchar trabalhos** Ver **Desenfeitiçar**.

**Desobsessão** Processo no qual a Espiritualidade e os médiuns buscam desalojar entidades espirituais que vibram em enegia deletéria que ajam sobre pessoas, animais, ambientes etc. Além de ajudar os obsedados, a desobsessão busca também auxiliar os obsessores, doutrinando-os e encaminhando-os para tratamento espiritual ou, quando renitentes, para locais específicos no plano espiritual onde possam meditar sobre seus atos a fim de, quando estiverem prontos, receberem o devido auxílio.

Ver **Exorcismo**.

**Despachar** Fazer um despacho.

**Despacho** Nome popular (e por vezes pejorativo) com que são chamadas as entregas ou oferendas, notadamente para Exu.

**Deus** Força Primeira e Inteligência Suprema, na Umbanda conhecida principalmente como Olorum ou Zâmbi. Sendo monoteísta, a Umbanda reconhece a força de divindades (Orixás) e a ação de espíritos e elementais, por exemplo.

**Deuses** Ver **Divindades**.

**Dia Nacional da Umbanda** No dia 16 de maio de 2012 foi instituído pela presidenta Dilma Rousseff o dia Nacional da Umbanda (Lei 12.644). O projeto original é do deputado federal Carlos Santana (PL 5.687/2005). A data celebra as comunicações do Caboclo das Sete

Encruzilhadas, por meio de Zélio Fernandino de Moraes, numa sessão espírita, quando o referido Caboclo anunciou que sua missão seria estabelecer um culto em que espíritos de negros e índios pudessem trabalhar conforme as diretrizes do Astral.

Mesmo antes da instituição da lei federal, diversas cidades brasileiras, amparadas por leis municipais, já comemoravam oficialmente a data.

| Dias | |
|---|---|
| Segunda-feira | Exu, Obaluaê, Pretos-Velhos. |
| Terça-feira | Ogum. |
| Quarta-feira | Xangô e Iansã |
| Quinta-feira | Oxóssi, Ossaim, Logun-Edé e Caboclos. |
| Sexta-feira | Oxalá (influência dos Cultos de Nação), Pretos-Velhos e Almas (influência do Catolicismo). |
| Sábado | Iabás, Santa Sara e Povo Cigano. |
| Domingo | Oxalá (influência do Catolicismo) e Ibejada. |

**Diabo** Por influência do Catolicismo, muitas vezes o Diabo, como anjo caído e fonte do mal, conforme interpretação literal do texto bíblico, é crença comum em alguns segmentos umbandistas. Por outro lado, também é forte, por influência do Espiritismo (Kardecismo), a leitura simbólica do Diabo como representação e síntese de espíritos que ainda vibram predominantemente de forma negativa, buscando causar o mal a outrem, mas que, ao longo do tempo e das experiências, também evoluirão.

O diabo é muitas vezes associado preconceituosamente a Exu, até mesmo por alguns umbandistas, em especial os que ainda temem desenvolver e trabalhar a Esquerda.

**Dia – Dia**

**Dirigente espiritual** Responsável por toda a direção espiritual da casa, sob orientação de um Guia-Chefe, geralmente Caboclo ou Preto-Velho.

**Divindades** Emanações de Deus, as divindades, na Umbanda, religião monoteísta, são conhecidas como Orixás.

A respeito de como, de modo geral e nas mais diversas culturas, se organizam, permanecem e/ou se amalgamam os cultos às divindades, esclarece Mirella Faur:

*O panteão das tradições antigas resultou na interação dos dois princípios cósmicos universais: o masculino, representado pelo Pai Céu, e o feminino, personificado pela Mãe Terra. O casamento sagrado desses polos gerou formas energéticas secundárias, polarizadas pela influência das forças telúricas, cósmicas, planetárias e dos fenômenos da Natureza. Quando modeladas pela egrégora mental de um conjunto racial, tribal ou grupal, essas energias se manifestam como arquétipos divinos, imbuídos de características e atributos específicos e com apresentações e nomes que variam conforme o lugar de origem.*

*A existência e a sobrevivência dos arquétipos de determinado panteão dependem da intensidade com que são cultuados e da duração desse culto. Sem essa conexão e nutrição recíproca, as matrizes etéreas enfraquecem-se e acabam desaparecendo com o passar do tempo.*

*Apesar de as divindades dependerem da egrégora humana, elas não são mero fruto de nossa imaginação: são expressões reais de poderosos campos energéticos e vórtices de energia cósmica. Elas existem em uma realidade diferente do mundo tridimensional, chamada pelos xamãs de nagual ou "realidade incomum" (ou extrafísica), e têm o poder de existir e agir independentemente da vontade humana.*

*Esses centros de energia cósmica, sutis e inteligentes, denominados divindades (sejam elas deuses, vibrações originais, devas ou orixás), supervisionam o livre-arbítrio coletivo e auxiliam nas decisões tomadas pelos indivíduos, dentro dos limites, valores e regras do ambiente ao qual pertencem. Isso significa que elas não interferem no livre-arbítrio, nem agem contra os interesses do agrupamento humano que as "criou" e que continua "alimentando-as" por meio de invocações, oferendas, cultos e rituais. Existe uma necessidade de intercâmbio energético permanente entre a origem e o resultado da criação, entre o criador e a criatura.*

*Uma divindade deixará de existir apenas quando não tiver mais nenhum ser humano que invoque sua presença ou acredite em sua existência. Quando isso ocorrer, o capo energético por ela representado não se extingue no espaço, mas se desloca ou volta à sua origem, podendo servir como substrato para a criação de um novo arquétipo, em lugar ou tempo diferente.*

*Os deuses e as deusas não são arquétipos estáticos, eles evoluem e se modificam de acordo com o progresso cultural e tecnológico e a trajetória espiritual humana. As mudanças na percepção e interpretação de suas manifestações e a compreensão expandida de seus atributos e funções levam à readaptação dos mitos e a sua adaptação às novas necessidades mentais, psicológicas e sociais da comunidade à qual pertencem. São as projeções e as formas mentais humanas que determinam a "metamorfose" das divindades, que acompanham, de maneira simbiótica, o desenvolvimento de seu povo e o surgimento de novos valores e hábitos comportamentais, morais e sociais. Compreende-se, assim, o porquê das diferenças nos mitos de um mesmo deus ou deusa e os variados nomes a eles atribuídos.*

**Dobalê**  Ver **Saudações**.

**Doença**  Ver **Mentores de cura**.

**Dois-Dois**  Cosminho. Criança. Ibejada.

**Dono da Cabeça**  Orixá de Cabeça.

**Doum** Doum é a terceira criança, companheiro de Cosme e Damião, com os quais os Ibejis são sincretizados. O nome Doum deriva do iorubá "Idowu", nome atribuído ao filho que nasce na sequência de gêmeos; relaciona-se também com o termo fongé "dohoun", que significa "parecido com", "semelhante ou igual a".

# E

**Ebó** Oferenda, entrega, em especial à Esquerda. Vem do iorubá "ebo", que significa sacrifício.

O termo, por vezes, é utilizado de forma pejorativa em relação às religiões de matriz africana.

**Ectoplasma** Fluido fornecido pelos médiuns para a Espiritualidade agir em diversos sentidos. Talvez o mais conhecido e popular seja a materialização, contudo há outros tantos procedimentos realizados com a ajuda do ectoplasma. Segundo Ramatís, o ectoplama é o: "fluido animalizado produzido no duplo etérico e decorrente do metabolismo biológico do equipo físico".

**Efó** Comida ritual feita com a folha "língua de vaca" ou de mostarda, oferecida ao Orixá Nanã.

**Egum** Egum provém do iorubá "égun", que quer dizer "osso", "esqueleto". Significa espírito, alma do desencarnado. Ao contrário do uso popular, não representa necessariamente espírito de vibrações deletérias. (Sem a acepção negativa, por exemplo, pode-se dizer que um Preto-Velho é um Egum.)

**Egunitá** Qualidade de Iansã. Para alguns segmentos umbandistas é um Orixá independente, associado ao fogo.

**Ekuru** Comida ritual oferecida a vários Orixás, cuja massa é preparada da mesma forma que a massa do acarajé. O feijão-fradinho, sem casca, é triturado, envolto em folhas de bananeira (como o acaçá) e cozido no vapor.

**Eledá** Pai ou Mãe de Cabeça. Orixá de Cabeça. Primeiro Orixá.

**Elementais** São seres conhecidos nas mais diversas culturas, com características e roupagens mais ou menos semelhantes. Ligam-se aos chamados quatro elementos (terra, água, ar, fogo), daí sua importância ser reconhecida na Umbanda, a qual se serve dos referidos elementos, tanto em seus aspectos físicos quanto em sua contrapartida etérica.

| Elemento Terra | |
| --- | --- |
| Dríades | Trabalhando nas florestas, diretamente nas árvores, ligam-se ao campo vibratório do Orixá Oxóssi. Possuem cabelos compridos e luminosos. |
| Gnomos | Trabalham no duplo etérico das árvores. |
| Fadas | Manipulam a clorofila das plantas (matizes e fragrâncias), de modo a formar pétalas e brotos. Associam-se à vida das células da relva e de outras plantas. |
| Duendes | Cuidam da fecundidade da terra, das pedras e dos metais preciosos e semipreciosos. |

| Elemento Água | |
| --- | --- |
| Sereias | Atuam nas proximidades de oceanos, rios e lagos, com energia e forma graciosas. |
| Ondinas | Atuam nas cachoeiras, auxiliando bastante nos trabalhos de purificação realizados pela Umbanda nesses pontos de força. |

| Elemento Ar | |
| --- | --- |
| Silfos | Apresentam asas, como as fadas, movimentando-se com grande rapidez. Atuam sob a regência de Oxalá. |

| Elemento Fogo | |
| --- | --- |
| Salamandras | Atuando na energia ígnea solar e no fogo de modo geral, apresentam-se como correntes de energia, sem se afigurarem propriamente como humanos. |

## Dicionário de Umbanda

**Elementares** Seres gerados artificialmente por pensamentos e sentimentos. Trata-se de formas-pensamento benéficas ou maléficas vivificadas por quem as cria, consciente ou inconscientemente.

**Encantado** Termo como são popularmente chamados Guias, Orixás, Guardiões, Espíritos em geral.

**Encantamento** Ação magística para se obter resultado benéfico ou maléfico para algo ou alguém. Em religiões, filosofias e tradições espirituais realmente pautadas pela ética, não se realiza algo que promova malefício ou fira o livre-arbítrio.

**Encarnação** Vida terrena, na carne, isto é, em corpo físico.

**Encomenda** Ritual fúnebre. Chamada de sacramental por diversas religiões, a encomenda pode ser feita em velórios, cemitérios, residências etc., conforme a tradição, a necessidade e outros fatores. Muitos segmentos umbandistas evitam encomendar corpos nos templos, principalmente quando se trata do desencarne de dirigente espiritual, considerando que se trataria da morte do próprio terreiro, enquanto outros o fazem nos próprios templos com desenvoltura e profundo significado espiritual.

**Encosto** Quiumba, obsessor.

**Encruza** Ver **Cruzamento** e **Encruzilhada**, uma vez que é utilizado como sinônimo de ambos os vocábulos.

**Encruzilhada** Cruzamento de ruas ou estradas, um dos principais pontos de força da Esquerda, onde são realizadas entregas e cerimônias litúrgicas. Há encruzilhadas masculinas (em forma de +) e femininas (em forma de T). As segundas são específicas para Pombogiras.

**Energias masculina e feminina** Por uma questão de equilíbrio energético que não tem nada a ver com homossexualidade ou bissexualidade,

Ele – Ene

há casas em que médium masculino não incorpora Orixá/Guia/ Guardião com energia feminina. Segundo orientações espirituais, a mulher suporta com precisão a energia dita feminina de Orixás, Guias e Guardiões. Já o homem tem um choque energético muito grande, que pode abalar sua emotividade. Contudo, tal abordagem em nada invalida a seriedade de casas onde médiuns masculinos incorporam Iabás ou Guias e Guardiões com energia feminina.

Ao contrário do que comumente se pensa, a homossexualidade é uma orientação sexual do médium, não estando atrelada ao Orixá. Quem tem um Orixá dito metá-metá (energia masculina e feminina), por exemplo, não será necessariamente homossexual ou bissexual.

Por sua vez, a forte presença de homossexuais, tanto masculinos quanto femininos, na Umbanda, no Candomblé (e, claro, em outras religiões) deve-se à acolhida, à compreensão e ao fato de eles não serem segregados, discriminados ou apontados, o que, além de falta de caridade denota infração a diversos direitos civis.

**Enredo** Relação energética e/ou mitológica entre Orixás. Exemplo: Xangô Airá tem enredo com Oxalá; Iansã Igbale tem enredo com Obaluaê etc.

**Entidade** Guia e Guardião. O termo também pode se referir a Orixá.

**Entrega** Oferenda, ebó.

**Envultamento** Feitiço (em acepção negativa), trabalho envolvendo energias e agentes deletérios.

**Epá, Babá!** Saudação a Oxalá. Significa "Salve, Oxalá!".

**Epahei!** O mesmo que "Eparrei!".

**Eparrei!** Saudação a Iansã. Significa "Salve!".

**Equede** Em casas de Umbanda com forte influência dos Cultos de Nação ou ditas cruzadas, muitas vezes encontram-se equedes, que são as correspondentes femininas aos Ogãs do Candomblé. São responsáveis por cuidar das vestes dos Orixás, por enxugar o rosto de iaôs em festas públicas etc. O vocábulo vem do iorubá "èkeji", com o sentido de "acompanhante".

**Ekedi** Ver **Equede**.

**Erê** Ver **Linha de Yori**.

**Eruquerê** Ver **Iruquerê**.

**Ervas** Fundamentais nos rituais de Umbanda para banhos, defumações, chás e outros, as ervas devem ser utilizadas com orientação da Espiritualidade e do dirigente espiritual.

Não apenas os nomes das ervas variam de região para região e de casa para casa, mas também as maneiras de selecioná-las, substituí-las, manipulá-las e de prepará-las. Daí a necessidade de orientação e direcionamento para o seu uso ritualístico.

**Escravo** Forma pejorativa como, em algumas poucas casas de Culto de Nação e também de Umbanda, são chamados os Exus.

**Esquerda** Na Umbanda, em vez de se cultuar diretamente o Orixá Exu, é mais comum o culto aos Exus e às Pombogiras, trabalhadores da chamada Esquerda, oposto complementar da Direita. Ao longo da História, o conceito de esquerdo/esquerda foi de exclusão e incompreensão. Alguns exemplos: pessoas canhotas vistas sob suspeitas aos olhos de parte do clero e da população da Idade Média; em francês, esquerdo/esquerda é "gauche", que também significa "atrapalhado, destoante"; em italiano, "esquerdo/esquerda" é "sinistro/sinistra", o que nos lembra algo "obscuro".

Incompreendidos e temidos, Exus e Pombogiras vítimas da ingratidão e da intolerância, não apenas de religiões que não dialogam e discriminam a Umbanda e o Candomblé, mas, infelizmente nessas próprias religiões: há pessoas mais velhas do Candomblé que ainda chamam Exus de "escravos" ou "diabos", enquanto alguns umbandistas afirmam "não quererem nada com Exu".

Em linhas gerais, costuma-se, por exemplo, valorizar o médico, e não o lixeiro. Contudo, ambos os profissionais são extremamente importantes para a manutenção da saúde de cada indivíduo e da coletividade. Em termos espirituais, a Esquerda faz o trabalho mais pesado de desmanches de demandas, de policiamento e de proteção de templos. Portanto, toda casa de oração tem os seus Exus, de limpeza energética, enfim. No anonimato, sob nomes genéricos e referentes à linha de atuação ou aos Orixás para os quais trabalham, Exus e Pombogiras são médicos, conselheiros, psicólogos, protetores, exercendo múltiplas funções que podem ser resumidas numa só palavra: Guardiões.

Se em pinturas mediúnicas, Exus e Pombogiras apresentam-se com imagens e fisionomias "normais", por que as estatuetas que os representam parecem, aos olhos do senso comum, associá-los ainda mais ao Diabo cristão? Por três razões básicas:

a) Os símbolos de Exu pertencem a uma cultura diversa do universo cristão. Nela, por exemplo, a sexualidade não se associa ao pecado e, portanto, símbolos fálicos são mais evidentes, ligados tanto ao prazer quanto à fertilidade, enquanto o tridente representa os caminhos, e não algo infernal. O mesmo pode-se dizer, por exemplo, do dragão presente nas imagens de São Miguel e de São Jorge: enquanto no Ocidente cristão ele representa o mal, em várias culturas do Oriente o dragão é símbolo de fogo e de forças espirituais.

b) A área de atuação de Exus e Pombogiras solicita elementos tais quais os utilizados por eles (capas, bastões etc.) ou que os simbolizam (caveiras, fogo etc.), vibrações cromáticas específicas (vermelho e preto) e outros.

# Dicionário de Umbanda

c) Do ponto de vista histórico e cultural, quando as comunidades que cultuavam Orixás perceberam, além da segregação, o temor daqueles que os discriminavam, assumiram conscientemente a relação entre Exu e o Diabo cristão, assim representando-o, como mecanismo de afastar de seus locais de encontro e liturgia todo aquele que pudesse prejudicar suas manifestações religiosas. Nesse sentido, muitos dos nomes e pontos cantados de Exu, do ponto de vista espiritual (energias e funções) e cultural-histórico são "infernais".

De modo bem simples, Exus e Pombogiras podem ser definidos como agentes da Luz nas trevas (do erro, da ignorância, da culpa, da maldade etc.).

**Espírita** Seguidor da Doutrina Espírita. Por extensão e uso popular, seguidor de religião ou de filosofia reencarnacionista, incluída aí a Umbanda.

**Espiritismo** Enquanto uma das matrizes da Umbanda, o Espiritismo contribui, sobretudo, com o estudo dos livros da Doutrina Espírita, bem como de sua vasta bibliografia; manifestação de determinados espíritos e suas egrégoras, mais conhecidas no meio Espírita (como os médicos André Luiz e Bezerra de Menezes); utilização de imagens e de bustos de Allan Kardec, de Bezerra de Menezes e de outros; estudo sistemático da mediunidade; palestras públicas.

O Espiritismo foi codificado por Allan Kardec, pseudônimo de Hyppolite Léon Denizard Rivail, no século XIX, e ganhou o mundo, especialmente por meio de publicações de livros, jornais e revistas. No Brasil, é popularmente chamado de Kardecismo, até mesmo para diferenciá-lo de outras religiões, termo oficialmente não empregado pelos espíritas, segundo os quais isso seria equivocado, uma vez que a doutrina é dos espíritos e não de Kardec.

Esp – Esp

**Diálogo Espiritismo-Umbanda**

Nas palavras do célebre médium espírita Chico Xavier, em entrevista em 1976:

*Eu sempre compreendi a Umbanda como uma comunidade de corações profundamente veiculados a caridade com a benção de Jesus Cristo e nesta base eu sempre devotei ao movimento umbandista no Brasil o máximo de respeito e a maior admiração.*

*(...)*

*A meu ver o movimento de Umbanda no Brasil está igualmente ligado ao Espírito de amor do cristianismo. Sem conhecimento de alicerces umbandísticos para formar uma opinião específica eu prefiro acreditar que todos os umbandistas são também grandes cristãos construindo a grandeza da solidariedade cristã no Brasil para a felicidade do mundo.*

*(...)*

*Acredito que o mediunismo no movimento de Umbanda é tão respeitável quanto a mediunidade das instituições kardecistas com uma única diferença que eu faria se tivesse um estudo mais completo de Umbanda; é que seria extremamente importante se a mediunidade recebesse a doutrinação do espírita do evangelho com as explicações de Allan Kardec fosse onde até mesmo noutras faixas religiosas que não fosse a Umbanda. Porque a mediunidade esclarecida pela responsabilidade decorrente dos princípios cristãos é sempre um caminho de interpretação com Jesus de qualquer fenômeno mediúnico.*

**Espiritismo de mesa** O mesmo que Espiritismo e/ou Kardecismo.

**Espírito** Substância não corpórea individual e inteligente que, encarnada num corpo físico, recebe o nome de alma.

**Euá** Divindade do rio Yewa, também conhecida como Iya Wa, considerada a dona do mundo e dos horizontes, ligada às águas e, por vezes, associada à fertilidade. Em algumas lendas aparece como esposa de Obaluaê/Omulu. Já em outras, é esposa de Oxumaré, relacionada à faixa branca do arco-íris (seria a metade feminina desse Orixá). Protetora das virgens, tem o poder da vidência, sendo senhora do céu estrelado. Por vezes é confundida com Iansã, Oxum e mesmo Iemanjá. Além do arpão, seu símbolo mais conhecido, pode também carregar um ofá (arco e flecha) dourado, uma espingarda ou uma serpente de metal. Também é simbolizada pelo raio de sol, pela neve e pelas palmeiras em formato de leque.

Orixá pouco cultuado na Umbanda.

**Características**
**Animal:** sabiá.
**Bebida:** champanha.
**Cor:** carmim.
**Comemoração:** 13 de dezembro.
**Corpo humano e saúde:** problemas intestinais e respiratórios.
**Dia da semana:** sábado.
**Elemento:** água
**Elementos incompatíveis:** aranha, galinha, teia de aranha.
**Ervas:** arrozinho, baronesa (alga), golfão.
**Flores:** flores brancas e vermelhas.
**Metais:** cobre, ouro, prata.
**Pontos da natureza:** linha do horizonte, recebendo entregas em rios e lagos.
**Saudação:** Rirró!
**Símbolo:** arpão.
**Sincretismo:** Nossa Senhora das Neves, Santa Luzia.

**Exorcismo** Ritual por meio do qual algumas religiões expulsam o que consideram o demônio do corpo de pessoas, animais e ambientes, reencaminhando-o para o inferno, onde, segundo a doutrina dessas religiões, vivem em eterno afastamento de Deus.

Ver **Desobsessão**.

**Eue ô!** O mesmo que "Ewe ô!".

**Euó** Ver **Características dos Orixás (Elementos incompatíveis)**.

**Exu** Conhecido pelos Fons como Legba ou Legbara, o Exu iorubano é Orixá bastante controvertido e de difícil compreensão, o que, certamente o levou a ser identificado com o Diabo cristão. Responsável pelo transporte das oferendas aos Orixás e também pela comunicação dos mesmos, é, portanto, seu intermediário. Como reza antigo provérbio, "Sem Exu não se faz nada.".

Seu arquétipo é o daquele que questiona as regras, para quem nem sempre o certo é certo, ou o errado, errado. Assemelha-se bastante ao Trickster dos indígenas norte-americanos. Seus altares e símbolos são fálicos, pois representa a energia criadora e o vigor da sexualidade.

Responsável pela vigia e guarda das passagens, é aquele que abre e fecha caminhos, ajudando a encontrar meios para o progresso além da segurança do lar e protegendo contra os mais diversos perigos e inimigos.

De modo geral, o Orixá Exu não é diretamente cultuado na Umbanda, mas sim os Guardiões (Exus) e Guardiãs (Pombogiras).

**Características**
**Animais:** cachorro, galinha preta.
**Bebida:** cachaça.
**Chacra:** básico (sacro).
**Cores:** preto e vermelho.
**Comemoração:** 13 de junho.
**Comida:** padê.

**Contas:** pretas e vermelhas.

**Corpo humano e saúde:** dores de cabeça relacionadas a problemas no fígado.

**Dia da semana:** segunda-feira.

**Elemento:** fogo.

**Elementos incompatíveis:** comidas brancas, leite, sal.

**Ervas:** arruda, capim tiririca, hortelã, pimenta, salsa, urtiga.

**Flores:** cravos vermelhos.

**Metal:** ferro.

**Pedras:** granada, ônix, turmalina negra, rubi.

**Planeta:** Mercúrio.

**Pontos da natureza/de força:** encruzilhadas, passagens.

**Saudação:** Laroiê, Exu, Exu Mojubá!

**Símbolos:** bastão (ogó), tridente.

**Sincretismo:** Santo Antônio.

**Exu Mirim** Os Exus Mirins compõem a Linha da Esquerda, apresentando-se como crianças ou adolescentes. São extrovertidos, brincalhões e trabalham com funções análogas às de Exus e Pombogiras. Utilizam-se dos elementos comuns à Linha da Esquerda (cores, fumo, álcool etc.).

Segundo alguns segmentos umbandistas, eles nunca encarnaram, enquanto que outros sustentam que, à maneira de Exus e Pombogiras, tiveram difícil vivência encarnatória e hoje se utilizam de seus conhecimentos para promover a segurança, a proteção e o bem estar. Ver **Linha dos Exus**.

**Exus** Quando encarnados, geralmente tiveram vida difícil, como boêmios, prostitutas e/ou dançarinas de cabaré (caso de muitas Pombogiras), em experiências de violência, agressão, ódio e vingança. Conforme dito, são agentes da Luz atuando nas trevas. Praticando a caridade, executam a Lei de forma ordenada, sob a regência dos chefes e em nome dos Orixás. Devem ser tratados com respeito e carinho, e não com temor, à maneira como se tratam amigos.

Guardiões não apenas durante as giras e as consultas e atendimentos que dão nas giras de Esquerda, os Exus são os senhores do plano negativo (aqui, "negativo" não possui nenhuma conotação moral ou de desvalor), responsabilizam-se pelos espíritos caídos, sendo, ainda, cobradores dos carmas. Combatem o mal e estabilizam o astral na escuridão. Cortam demanda, desfazem trabalhos de magia negra, auxiliam em descarregos e desobsessões, encaminham espíritos com vibrações deletérias para a Luz ou para ambientes específicos do Astral Inferior, a fim de ser reabilitarem e seguirem a senda da evolução.

Sua roupa geralmente é preta e vermelha, podendo usar capas, bengalas, chapéus e instrumentos como punhais. Como soldados e policiais do Astral, utilizam uniformes apropriados para batalhas, diligências e outros. Suas emanações, quando necessário, são pesadas e intimidam. Em outras circunstâncias, apresentam-se de maneira elegante. Em outras palavras, sua roupagem fluídica depende de vários fatores, como evolução, função, missão, ambiente etc. Podem, ainda, assumir aspecto animalesco, grotesco, possuindo grande capacidade de alterar sua aparência.

Os Exus são alegres e brincalhões e, ao mesmo tempo, dão e exigem respeito. Honram sua palavra e buscam constantemente sua evolução. Guardiões, expõem-se a choques energéticos. Espíritos caridosos, trabalham principalmente em causas ligadas aos assuntos mais terrenos. Se aparentam dureza, franqueza e pouca emotividade, em outros momentos, conforme as circunstâncias, mostram-se amorosos e compassivos, afastando-se, porém, daqueles que visam a atrasar sua evolução. Suas gostosas gargalhadas não são apenas manifestações de alegria, mas também potentes mantras desagregadores de energias deletérias, emitidos com o intuito de equilibrar especialmente pessoas e ambientes.

É muito importante o consulente conhecer a casa que frequenta, para que não se confunda Exu e Pombogira com quiumbas. Pela lei de ação e reação, pedidos e comprometimentos feitos visando ao mal e desrespeitando o livre-arbítrio serão cobrados. Quanto às casas, a fim de se evitar consulentes desavisados, algumas optam por fazer giras de Esquerda fechadas, enquanto outras as fazem abertas, mas quase sempre com pequena preleção a respeito da Esquerda.

| Os Exus e Alguns Pontos de Vibração | |
|---|---|
| Cemitério | Geralmente trabalham para Obaluaê. Alguns operam em trabalhos, obrigações, descarregos, mas não dão consultas. Trabalham, quando em consulta, descarregando o consulente, sendo sérios e discretos. |
| Encruzilhada | Além de se apresentarem em trabalhos, obrigações e descarregos, gostam de dar consultas. Nem tão sérios quanto os Exus de cemitério nem tão brincalhões quanto os Exus de estrada. Trabalham para diversos Orixás. |
| Estrada | Movimentam-se bastante, dão consultas, são brincalhões e apreciam uma boa gargalhada, o que não significa bagunça; sua descontração não rima com esculhambação. |

**Ewe ô!** Saudação a Ossaim. Significa "Salve as folhas!".

# F

**Faculdade de Teologia de Umbanda**  A Faculdade de Teologia de Umbanda, localizada na capital de São Paulo, oferece o curso de Bacharelado em Teologia, com 3350 horas de atividades, com duração mínima de quatro e máxima de sete anos. Oferece também cursos de extensão e coordena farta produção acadêmica e cultural.

Dentre as várias disciplinas destacam-se: Botânica Umbandista, Biologia Geral e Espiritual, Biologia Humana e Umbandista e Teologia VII (Umbanda – meio e fim para a paz mundial; Restauração da Tradição do Saber; Convergência planetária; Diálogo interdisciplinar).

Não se deve, porém, confundir o Bacharelado em Teologia com a função de sacerdote. Nas palavras do fundador e primeiro diretor da Faculdade de Teologia de Umbanda, Pai Rivas Neto (Arhapiagha),

> [...] Grassando que todas as Escolas umbandistas têm a mesma importância, tomamos para nós a tarefa de fundarmos uma instituição de ensino superior regulamentada pelo Ministério da Educação (MEC). Assim, fundamos em 2004 a primeira Faculdade de Teologia do mundo com ênfase nas Religiões afro-brasileiras ou Umbanda, cuja missão é formar teólogos umbandistas ou das religiões afro-brasileiras. O MEC permite que as faculdades de teologia formem sacerdotes, mas entendemos que, pela tradição, o sacerdote deve ser formado no templo tendo uma vivência mínima que varia de sete a dezesseis anos, por isso não formamos sacerdotes na FTU, mas teólogos.

**Falange**  Em linhas gerais, uma falange é a subdivisão de uma linha. No cotidiano, porém, o vocábulo também pode ser empregado como sinônimo de Linha.

**Fechar a gira**  Encerrar uma sessão litúrgica (gira) de Umbanda.

# Dicionário de Umbanda

**Federação** A Umbanda não possui uma estrutura como as de religiões que apresentam uma autoridade central. Cada templo é autônomo e, mesmo quando não registrado ou federado, não é menos legítimo em suas práticas espirituais, desde que sejam voltadas para o bem e para a evolução. Por outro lado, são muitas as federações e outras agremiações de Umbanda, muitas delas compreendendo casas de Candomblé e/ou de outras religiões de matriz africana. Geralmente, as federações se unem em torno de um órgão, que as congregue, mas mesmo essa agremiação não é única, por exemplo, num mesmo estado da federação.

**Feitiçaria** Ver **Feitiço**.

**Feitiço** Atrair, projetar e/ou enviar para alguém ou algo energia negativa, de modo a promover o mal, o prejuízo.

No cotidiano dos terreiros de Umbanda, o termo é utilizado em sentido negativo, uma vez que em outras religiões, como a Wicca, o vocábulo não se refere necessariamente a ações de energia e agentes deletérios e que ferem o livre-arbítrio.

**Ferramentas** Nome genérico para o conjunto de objetos simbólicos de cada Orixá.

**Figa** Amuleto da tradição afro-brasileira, embora seja de origem europeia.

**Filá** Fios que cobrem os rotos das Iabás (chorão). Gorro litúrgico, usado, por exemplo, por dirigentes espirituais e ogãs.

**Filho(a) de Fé** Umbandista.

**Filho(a) de Santo** Umbandista que já passou por alguns processos de desenvolvimento, incluindo obrigação maior para seu Orixá de Cabeça.

**Firma** Fecho de guia (colar de contas). Há diversas formas de firma, dentre as mais comuns a masculina (cilíndrica) e a feminina (bolinha maior que as contas de uma guia).

Fed – Fir

**100**      **Dicionário de Umbanda**

**Firmar** Fazer uma firmeza.

**Firmeza** Cada firmeza é uma forma de segurança nos rituais de Umbanda, conforme suas Leis. Acender uma vela, por exemplo, representa, significa e aciona energias muito mais do que possa parecer. Com uma firmeza, estreita-se a relação com os Orixás, Guias, Guardiões e outros, além de proporcionar a eles um campo de atuação mais específico.

A firmeza não deve ser uma atitude mecânica, mas plena de fé, amor, devoção e consciência do que se está fazendo.

**Folclorização** Assim como as demais religiões de matriz africana, a Umbanda passa pelo processo de folclorização, que nada mais é do que a intolerância mascarada ou explícita. Conceitos, rituais, valores, expressões linguísticas são constantemente evocados pelo senso comum e pela mídia como supostamente umbandistas.

Nesse contexto, pessoas que, por exemplo, jamais estiveram numa casa de Umbanda, apresentam-se como especialistas. Estudiosos das Ciências Humanas muitas vezes também descrevem a Umbanda de modo folclorizado. Infelizmente, contribuem para esse olhar estereotipado: volantes, propagandas e outros de supostos dirigentes espirituais que prestam "atendimentos religiosos" e que ferem o livre-arbítrio, a ética e o bom senso.

**Fluídos** Emanações não materiais manipuladas pela Espiritualidade.

**Forma-pensamento** Criação da mente, que possui a vibração benéfica ou deletéria, conforme a natureza e as circunstâncias, denotando, assim, a força do pensamento e do sentimento dos encarnados. Por similaridade e frequência vibratórias, as formas-pensamento atraem energias, entidades e outros afins, que delas se alimentam.
Ver **Elementares**.

Fir – For

# Dicionário de Umbanda

**Fumo** A função primeira do fumo é defumar; por isso, exceções à parte, a maioria dos Guias e Guardiões não tragam: enchem a boca de fumaça, expelindo-a no ar, sobre o consulente, uma foto etc.

Por essa razão, se o terreiro for defumado e for mantido aceso algum defumador durante os trabalhos, há Guias e Guardiões que nem se utilizam do fumo. O mesmo vale quando o médium não é fumante ou não aprecia cigarros, charutos e outros.

Cada Orixá, Linha, Guia ou Guardião que se utiliza do fumo tem características próprias, entretanto, o cigarro parece ser um elemento comum para todos, embora muitas casas não os tenha mais permitido, em virtude das substâncias viciantes, aceitando apenas charutos, charutinhos, cachimbos e palheiros (cigarros de palha), conforme cada Entidade ou Linha.

O fumo desagrega energias deletérias e é fonte de energias positivas, atuando em pessoas, ambientes e outros.

A Umbanda não foi prejudicada pela Lei Anti-fumo do Estado de São Paulo, uma vez que templos religiosos foram excluídos da proibição de fumo em locais fechados no Estado de São Paulo (Lei 577/08, Artigo 6º, Item I e Parágrafo Único, aprovada em 07 de abril de 2009).

**Fundamento** Força mágico-espiritual-ritualística e o próprio conhecimento a respeito da mesma, os quais fundamentam a tradição, a prática, a liturgia e outros tantos elementos das religiões de matriz africana.

Inicialmente, fundamento signficava o recipiente ou o local onde se colocavam os elementos e objetos do Orixá.

O vocábulo também é empregado como sinônimo de "enredo". Exemplo: Oxum Apará tem fundamento com Iansã.

**Fundanga** Ver **Pólvora**.

# G

**Ganga** Chefe de terreiro. Designação de um Exu.

**Ganzá** Espécie de chocalho cilíndrico. O vocábulo deriva do quimbundo "nganza", com o sentido de "cabaça". Também é utilizado como sinônimo de "reco-reco" e "canzá", este último é um reco-reco de bambu.

**Gira** As giras são os trabalhos ritualísticos mais conhecidos de Umbanda. Variações à parte, elas costumam ter mais ou menos a mesma estrutura:

- Firmeza para Exu;
- Abertura;
- Defumação;
- Preces e saudações;
- Atendimentos e/ou consultas e trabalhos propriamente ditos;
- Encerramento.

Geralmente todos esses momentos são acompanhados de pontos cantados com ou sem o uso de palmas e atabaques, dependendo da orientação de cada terreiro.

Conhecidas também como sessões de caridade, as giras são pautadas pela alegria e pela conjugação entre respeito e informalidade, afinal, tanto a Espiritualidade quanto médiuns e consulentes literalmente se sentem em casa. Na maioria das giras, dentre as várias preces, costuma-se fazer a Prece de Cáritas, bem como cantar o Hino da Umbanda.

**Glândula pineal** Glândula bastante importante para o processo mediúnico, em especial por estar associada ao chacra coronário. Conhecida entre os iorubanos como "Ori Inu" ("Cabeça Interior") e associada a Orumilá.

**Glória ao Pai** Oração católica referente à Santíssima Trindade, utilizada por diversos umbandistas.

*Glória ao Pai, ao Filho e ao Espírito Santo, como era no princípio, agora e sempre. Amém.*

**Gongá** Ver **congá**.

**Guardião** Ver **Exu**.

**Guerreiros do Axé** Com raízes na Umbanda, no Candomblé e em outras religiões de matriz africana, o movimento Guerreiros do Axé busca reconhecimento social legítimo para essas religiões, bem como representatividade política.

Fundado em 7 de setembro de 2005, espalha-se por todo território nacional e, além da intensa movimentação religiosa e política, tem lançado candidatos próprios, por diversos partidos, a cada campanha eleitoral. Seu principal líder é Pai Heraldo Guimarães.

**Guias** Também conhecidas como fios de contas, colares de santo ou cordões de santo, as guias são preparadas pelo dirigente espiritual, ou por auxiliares e cruzadas. Há uma grande variabilidade de materiais utilizados para as guias, bem como em sua composição (números, cores etc.) conforme a casa, os Orixás e Guias a que são consagradas etc.

Uma das guias mais comuns é a de proteção, na cor do Orixá de cabeça, ou branca, de Oxalá, podendo ser usada por dentro da roupa ou por fora, conforme orientação específica de cada casa. Também há guias de Esquerda.

Ao longo de seu desenvolvimento na Umbanda, um médium terá diversas guias, que devem ser bem cuidadas, limpas e lavadas periodicamente conforme orientação da Espiritualidade e do dirigente espiritual. Quando uma guia se quebra, deve-se tentar recuperar o maior número possível de contas para que seja remontada e novamente consagrada ou cruzada.

As guias também identificam os Orixás (em especial o Eledá) dos médiuns. São utilizadas nas giras, em diversos trabalhos, comemorações e outros.

O brajá, outra guia comum na Umbanda, é um colar de longos fios montados de dois em dois, em pares opostos, para ser usados a tiracolo e cruzando o peito e as costas. Simboliza a interrelação do direito com o esquerdo, do masculino com o feminino, do passado e do presente.

Dirigentes espirituais costumam usar uma espécie de brajá, com as cores de seu Orixá de Cabeça, de búzios ou com as cores de seu Guia de Cabeça (Caboclo ou Preto-Velho).

**Guia** Espírito condutor, inspirador, responsável pela orientação espiritual, tais como Caboclo, Preto-Velho e outros. Por vezes, no cotidiano dos terreiros, os Orixás também são chamados de Guias, bem como os Guardiões (Exus), uma vez que, por extensão, todos eles são responsáveis por orientações, apoios e inspirações na caminhada espiritual.

**Guia de cabeça** Ver **Orixá de Cabeça**.

**Guia-Chefe** Ver **Orixá de Cabeça**.

**Guia de frente** Ver **Orixá de Cabeça**.

# H

**Hierarquia** A hierarquia na Umbanda não é tão escalonada como, por exemplo, no Candomblé. Sob a responsabilidade dos dirigentes espirituais (babás e pai pequeno e/ou mãe pequena), estão os médiuns de incorporação, os ogãs e os cambones. Alguns filhos têm funções bem específicas (como os seguranças de canto e de porta, os quais, hierarquicamente, estão abaixo do pai pequeno e/ou da mãe pequena), entretanto sem que haja gradações hierárquicas entre os mesmos, mas coordenação de responsabilidade.

**Hihó!** Ver **Ri ró!**

**Hino da Umbanda** O Hino da Umbanda, cantado em quase todas as casas no início ou no final das giras, bem como em ocasiões especiais, foi composto por José Manuel Alves, o qual, em 1960, procurou o Caboclo das Sete Encruzilhadas, em Niterói, vindo de São Paulo, desejoso de ser curado da cegueira, o que não aconteceu, em virtude de compromissos cármicos de José Manuel.

Tempos depois, José Manuel tornou a procurar o Caboclo das Sete Encruzilhadas e lhe apresentou uma canção em homenagem à Umbanda, tomada pelo Caboclo como Hino da Umbanda. Em 1961 o Hino foi oficializado no 2º Congresso de Umbanda.

A letra:

*Refletiu a Luz Divina*
*Com todo seu esplendor*
*É do reino de Oxalá*
*Onde há paz e amor*

*Luz que refletiu na terra*
*Luz que refletiu no mar*
*Luz que veio de Aruanda*
*Para tudo iluminar*

*A Umbanda é paz e amor*
*É um mundo cheio de Luz*
*É a força que nos dá vida*
*E à grandeza que nos conduz.*

*Avante, filhos de fé*
*Como a nossa lei não há*
*Levando ao mundo inteiro*
*A bandeira de Oxalá.*

O Hino sintetiza as características gerais da Umbanda, bem como sua missão. A Umbanda vem do plano espiritual para iluminar e acolher, vem na linha de Oxalá, sob as bênçãos do Mestre Jesus, para fortalecer a todos e auxiliar a cada um a desenvolver o Cristo interno.

No acolhimento que faz a encarnados e desencarnados, a Umbanda convida a todos a encontrar a paz individual e coletiva. O exercício do amor em todos os níveis, a verdadeira caridade que não se reduz apenas ao assistencialismo e vibra em consonância com os ensinamentos do Mestre Jesus.

A mensagem de Umbanda estende-se pela terra e pelo mar, abençoada e orientada pelos Orixás. Trilha espiritual e religião ecológica, valoriza a magia e o poder dos elementos em favor do equilíbrio e da evolução de cada um e do planeta. A luz (fogo) vem de Aruanda (ar, dimensões), reflete na terra, no mar (água), disponibiliza-se a todos: a mesma luz que brilha em Aruanda (plano espiritual elevado), brilha também, guardadas as proporções e adequações a cada plano e a cada indivíduo, para todo espírito, encarnado ou desencarnado.

Dentre as práticas da Umbanda não está o proselitismo. Por isso as portas dos templos estão sempre abertas a todos, sem distinção. Há quem prefira participar de algumas giras, receber conselhos, sugestões, Axé e voltar agradecido para sua casa, sua religião, suas práticas espirituais.

A lei da Umbanda é o amor/a caridade e, de fato, como essa lei (evidentemente, não exclusiva à Umbanda), não existe outra. Nesse sentido, levar ao mundo inteiro a bandeira de Oxalá significa compartilhar no cotidiano, nas mais diversas circunstâncias, o amor e a paz, não forçar alguém/o mundo à conversão ou ao comparecimento a giras (o que, aliás, nenhum umbandista consciente faz), nem tentar impor "a minha" Umbanda como "verdadeira". A graça da Umbanda está na diversidade. Se conjugo "a minha" Umbanda à "sua", à "dele", à "dela", juntos, teremos UmBanda.

**Homem das encruzilhadas**  Exu (Guardião).

**Homossexualidade**  Ver **Energias masculina e feminina**.

**Horas**  Com variação de concepções entre segmentos e casas umbandistas, os horários para determinados rituais, trabalhos e oferendas são divididos em horas abertas e horas fechadas.

**Horas abertas**  Seis horas da manhã, meio-dia, seis horas da tarde e meia-noite.

**Horas fechadas**  Todas as que não são horas abertas.

**Hora grande**  Meia-noite.

# I

**Iabá** Orixá feminino.

**Ialodê** Título atribuído a Oxum, com o signficado de "senhora". Do iorubá "iyálode", primeira dama de uma localidade, senhora de alto nível hierárquico e/ou dama presidente da sociedade Iyá óòde das cidades Egbá.

**Ialorixá** Dirigente espiritual feminino. Essa forma, de influência dos Cultos de Nação, é pouco empregada na Umbanda.
Ver **Mãe de Santo**.

**Iansã** Orixá guerreiro, senhora dos ventos, das tempestades, dos trovões e também dos espíritos desencarnados (eguns), conduzindo-os para outros planos, ao lado de Obaluaê.

Divindade do rio Níger, ou Oya, é sensual, representando o arrebatamento e a paixão. De temperamento forte, foi esposa de Ogum e depois a mais importante esposa de Xangô (ambos tendo o fogo como elemento afim).

Irrequieta e impetuosa, é a senhora do movimento e, em algumas casas, também a dona do teto da própria casa.

Uma de suas funções espirituais é trabalhar a consciência dos desencarnados que estão à margem da Lei, para, então, poder encaminhá-los a outra linha de evolução.

### Características
**Animais:** borboleta (inseto), cabra amarela, coruja rajada.
**Bebida:** champanha.
**Chacras:** cardíaco e frontal.
**Cor:** amarela (coral).
**Comemoração:** 4 de dezembro (dia de Santa Bárbara).

**Comidas:** acarajé, ipeté, bobó de inhame.

**Contas:** coral – amarelo, bordô, marrom ou vermelho.

**Dia da semana:** quarta-feira.

**Elemento:** fogo.

**Elementos incompatíveis:** abóbora, rato.

**Ervas:** cana-do-brejo, erva-prata, espada-de-iansã, folha-de-louro (menos para banho), erva-de-santa-bárbara, folha-de-fogo, colônia, mitanlea, folha da canela, peregum amarelo, catinga-de-mulata, parietária, para-raio.

**Essência:** patchouli.

**Flores:** amarelas ou corais.

**Metal:** cobre.

**Pedras:** coral, cornalina, granada, rubi.

**Planetas:** Júpiter, Lua.

**Ponto da natureza:** bambuzal.

**Saudação:** Eparrei!

**Símbolos:** iruquerê, raio.

**Sincretismo:** Santa Bárbara, Santa Joana d'Arc.

**Iaô** Por influência do Candomblé Ketu, nome dado em algumas casas de Umbanda ao médium iniciante. O vocábulo dervia do iorubá "iyàwó", com o sentido de "recém-casada" ou "esposa mais jovem", o que reforça a ideia de que, independente de gênero, o desenvolvimento e/ou a iniciação espiritual demanda receptividade (aspecto da energia do feminino).

**Ibejada** Ver **Linha de Yori**.

**Ibejis** Formado por duas entidades distintas, indicam a contradição dos opostos que se complementam. Tudo o que se inicia está associado aos Ibejis: nascimento de um ser humano, a nascente de um rio etc. Geralmente são associados aos gêmeos Taiwo ("o que sentiu o primeiro gosto da vida") e Kainde ("o que demorou a sair"), às vezes a um casal de gêmeos. Seus pais também variam de lenda para lenda, contudo a mais conhecida os associam a Xangô e a Oxum.

Responsáveis em zelar pelo parto e pela infância, bem como pela promoção do amor e da união.

Na Umbanda, em vez de se cultuar diretamente os Ibejis (Orixás), é mais comum cultuar-se a Linha de Yori.

Ver **Doum**.

### Características

**Animais:** todos os de estimação.

**Bebidas:** água com açúcar, água com mel, água de coco, caldo de cana, refrigerante, suco de frutas.

**Chacras:** todos, em especial o laríngeo.

**Cores:** rosa e azul (branco, colorido).

**Comemoração:** 27 de setembro.

**Comidas:** caruru, doces e frutas.

**Contas:** azuis, brancas, rosa.

**Corpo humano e saúde:** acidentes, alergias, anginas, problemas de nariz, raquitismo.

**Dia da semana:** domingo.

**Elemento:** fogo.

**Elementos incompatíveis:** assovio, coisas de Exu, morte.

**Ervas:** alecrim, jasmim, rosa.

**Essências:** de frutas.

**Flores:** margarida, rosa mariquinha.

**Metal:** estanho.

**Pedra:** quartzo rosa.

**Planeta:** Mercúrio.

**Pontos da natureza/de força:** cachoeiras, jardins, matas, praias e outros.

**Saudação:** Oni Ibejada!

**Símbolos:** gêmeos

**Sincretismo:** São Cosme e São Damião, Santos Crispim e Crispiniano.

**Ibiri** Feixe de ramos de folha de palmeiras, com a ponta curvada, e enfeitado com búzios; objeto e símbolo de Nanã.

**Icá** Ver **Saudações**.

**Idés** Pulseiras. Ornamento das Iabás utilizados em algumas casas de Umbanda.

**Iemanjá** Considerada a mãe dos Orixás, divindade dos Egbé, da nação Iorubá, está ligada ao rio Yemojá. No Brasil, é a rainha das águas e dos mares. Protetora de pescadores e jangadeiros, suas festas são muito populares no país, tanto no Candomblé quanto na Umbanda, especialmente no extenso litoral brasileiro. Senhora dos mares, das marés, da onda, da ressaca, dos maremotos, da pesca, da vida marinha em geral.

Conhecida como Deusa das Pérolas, é o Orixá que apara a cabeça dos bebês na hora do nascimento. Rege os lares, as casas, as uniões, as festas de casamento, as comemorações familiares. Responsável pela união e pelo sentido de família, seja por laços consanguíneos ou não.

**Características**

**Animais:** peixe, cabra branca, pata ou galinha branca.

**Bebidas:** água mineral, champanha.

**Chacra:** frontal.

**Cores:** cristal (branco, azul claro, rosa claro, verde claro).

**Comemoração:** 2 de fevereiro, 8 de dezembro, 15 de agosto.

**Comidas:** arroz, canjica, camarão, mamão, manjar, peixe.

**Contas:** contas e miçangas de cristal, com firmas em cristal.

**Corpo humano e saúde:** psiquismo, sistema nervoso.

**Dia da semana:** sábado.

**Elemento:** água.

**Elementos incompatíveis:** poeira, sapo.

**Ervas:** colônia, pata-de-vaca, embaúba, abebê, jarrinha, golfo, rama-de-leite.

**Essências:** jasmim, rosa branca, crisântemo, orquídea.

**Flores:** rosas brancas, palmas brancas, angélicas, orquídeas e crisântemos brancos.

**Metal:** prata.

**Pedras:** água marinha, calcedônia, lápis-lazúli, pérola, turquesa.

**Planeta:** Lua.

**Ponto da natureza:** mar

**Saudações:** Odoya! Odofiaba!

**Símbolos:** lua minguante, ondas, peixes.

**Sincretismo:** Nossa Senhora das Candeias, Nossa Senhora da Glória, Nossa Senhora dos Navegantes.

**Iepahei!** Ver **Eparrei!**

**Ifá** Ver **Orumilá.**

**Ilê** Por influência dos Cultos de Nação, este termo é empregado como sinônimo de terreiro.

**Imagens** Principal virtude do sincretismo, são utilizadas imagens católicas nos templos de Umbanda. Contudo, há templos que se utilizam de imagens com representações ditas africanas dos Orixás, enquanto outros não usam imagem alguma, mas apenas quartinhas com pedras correspondentes (otás), por exemplo.

É interessante notar que mesmo nos templos que se valem de imagens católicas (a maioria), a imagem de Obaluaê costuma figurar ao lado das imagens de santos católicos aos quais esse Orixá é sincretizado, notadamente São Lázaro e São Roque.

Também é comum se encontrarem bustos de Allan Kardec, codificador do Espiritismo e do Dr. Bezerra de Menezes, médico espírita brasileiro que, no plano espiritual, trabalha na Linha da Cura.

**Incenso** Preparado com ervas e resinas específicas, utilizado para defumação.

**Incorporar** Forma popular com que se refere ao fenômeno mediúnico em que um ser do plano espiritual (superior ou inferior) coordena os movimentos do corpo do médium (postura, gestos, palavras etc.). Para tanto, em linhas gerais, o espírito do médium se afasta (não se desprende totalmente, ou haveria óbito) para que o ser espiritual possa plasmar-se e comandar os movimentos.

Conforme o estado de acompanhamento do médium em relação ao fenômeno, a incorporação pode ser consciente, inconsciente ou semiconsciente, havendo, portanto, médiuns que se mantêm conscientes, inconscientes ou semiconscientes durante a incorporação. O desenvolvimento mediúnico deve ser orientado e seguro para que não haja dúvidas ou mistificações.

**Indianismo** O indianismo é uma das matrizes de Umbanda, que se manifesta de diversas formas, dentre elas: pajelança; emprego da sabedoria indígena ancestral em seus aspectos culturais, espirituais, medicinais, ecológicos etc.; culto aos caboclos indígenas ou de pena.

**Inquices** Os Inquices são divindades dos cultos de origem banta. Correspondem aos Orixás iorubanos e da Nação Ketu. Dessa forma, por paralelismo, os Inquices, em conversas do povo-de-santo aparecem como sinônimos de Orixás.

Também entre o povo-de-santo, quando se usa o termo Inquice, geralmente se refere aos Inquices masculinos, ao passo que Inquice Amê refere-se aos Inquices femininos.

O vocábulo Inquice vem do quimbundo "Nksi" (plural: *Mikisi*), significando "Energia Divina".

**Inquices mais conhecidos no Brasil:**

*ALUVAIÁ, BOMBO NJILA ou PAMBU NJILA*

Intermediário entre os seres humanos e os outros Inquices. Na sua manifestação feminina, é chamado Vangira ou Panjira. Paralelismo com o Exu nagô. De seu nome originou-se o vocábulo "Pombogira".

*NKOSI, ROXI MUKUMBE ou ROXIMUCUMBI*

Inquice da guerra e senhor das estradas de terra. Paralelismo com o Orixá Ogum. Mukumbe, Biolê, Buré são qualidades de Roximucumbi.

*NGUNZU*

Inquice dos caçadores de animais, pastores, criadores de gado e dos que vivem embrenhados nas profundezas das matas, dominando as partes onde o Sol não penetra.

*KABILA*

O caçador e pastor. Aquele que cuida dos rebanhos da floresta. Paralelismo com o Orixá Oxóssi.

*MUTALAMBÔ, LAMBARANGUANGE ou KIBUCO MUTOLOMBO*

Caçador, vive em florestas e montanhas. Inquice da fartura, da comida abundante. Paralelismo com o Orixá Oxóssi.

*MUTAKALAMBÔ*

Senhor das partes mais profundas e densas das florestas, onde o Sol não alcança o solo por não penetrar pela copa das árvores. Paralelismo com o Orixá Oxóssi.

*GONGOBIRA ou GONGOBILA*

Jovem caçador e pescador. Paralelismo com o Orixá Logunedé.

*KATENDÊ*

Senhor das Jinsaba (folhas). Conhece os segredos das ervas medicinais. Paralelismo com o Orixá Ossaim.

### NZAZI, ZAZE ou LOANGO
Inquice do raio e da justiça. Paralelismo com o Orixá Xangô.

### KAVIUNGO ou KAVUNGO, KAFUNGÊ, KAFUNJÊ ou KINGONGO
Inquice da varíola, das doenças de pele, da saúde e da morte. Paralelismo com o Orixá Obaluaê.

### NSUMBU
Senhor da terra, também chamado de Ntoto pelo povo de Congo.

### HONGOLO ou ANGORÔ (MASCULINO) ou ANGOROMÉA (FEMININO)
Auxilia na comunicação entre os seres humanos e as divindades, sendo representado por uma cobra. Paralelismo com o Orixá Oxumaré.

### KINDEMBU ou TEMPO
Rei de Angola. Senhor do tempo e das estações. É representado, nas casas Angola e Congo, por um mastro com uma bandeira branca. Paralelismo com o orixá Iroco. Tempo é patrono da Nação Angola.

### KAIANGU ou KAIONGO
Tem o domínio sobre o fogo. Paralelismo com o Orixá Iansã.

Nomes/qualidades: Matamba, Bamburussenda, Nunvurucemavula Guerreira, tem domínio sobre os mortos (Nvumbe).

### KSIMBI ou SAMBA
A grande mãe. Inquice de lagos e de rios. Paralelismo com o Orixá Oxum.

### NDANDA LUNDA ou DANDALUNDA
Senhora da fertilidade, da Lua, confunde-se, por vezes, com Hongolo e Kisimbi. Paralelismo com os Orixás Iemanjá e Oxum.

*KAITUMBA, MIKAIA ou KOKUETO*
Inquice do Oceano, do Mar (Calunga Grande). Paralelismo com o Orixá Iemanjá.

*NZUMBARANDÁ, NZUMBA, ZUMBARANDÁ, GANZUMBA ou RODIALONGA*
A mais velha dos Inquices femininos, relacionada à morte. Paralelismo com o Orixá Nanã.

*NVUNJI*
A mais jovem dos Inquices, senhora da justiça. Representa a felicidade da juventude e toma conta dos filhos recolhidos. Paralelismo com os Ibejis nagô.

*LEMBA DILÊ, LEMBARENGANGA, JAKATAMBA, NKASUTÉ LEMBÁ ou GANGAIOBANDA*
Ligado à criação do mundo. Paralelismo com o Orixá Oxalá.

**Intolerância religiosa** Como as demais religiões de matriz africana, a Umbanda sofre com a intolerância religiosa. Uma das maneiras mais eficazes de diálogo é a promoção de atividades culturais que evidenciem a cultura (toques, cores, culinária etc.) característica da Umbanda, seja no Teatro, na Dança, na Literatura, na participação de eventos como o Mês da Consciência Negra, atos ecumênicos e inter-religiosos e as celebrações de Treze de Maio, além, é claro, das festas públicas de cada casa, sendo as mais populares as de Cosme, Damião e Doum.

Por ser uma religião sincrética, a Umbanda valoriza o Ecumenismo e o Diálogo inter-religioso. Por isso, é cada vez mais comum encontrarmos, por exemplo, templos umbandistas participando de missas promovidas pelas Pastorais Afros, e irmãos dessas Pastorais em cortejos e festas promovidos por tendas de Umbanda.

**Ipeté** Alimento à base de inhame para Oxum.

**Irmão (irmã) de Santo** Membros de uma mesma família de Santo, sob responsabilidade de um(a) mesmo(a) dirigente espiritual.

**Iroco** Na Nigéria, este Orixá é cultuado numa árvore do mesmo nome, substituída no Brasil pela gameleira-branca, que apresenta características semelhantes às da árvore africana. Associado ao Vodun daomeano Loko (dinastia jeje) e ao inquice Tempo dos bantos, é, na realidade, o Orixá dos bosques nigerianos. Sua cor é o branco. Utiliza-se palha-da-costa em suas vestes. Sua comida é, dentre outras, o caruru, o deburu (pipoca) e o feijão-fradinho.

Geralmente, diante das casas de Candomblé, há uma grande árvore, com raízes saindo do chão, envolvida por um grande pano branco (alá). Trata-se de Iroco, protegendo cada casa, dando-lhe força e poder.

Na Nação Angola, Iroco também é conhecido como Maianga ou Maiongá.

Orixá pouco cultuado na Umbanda.

**Iroko** Ver **Iroco**.

**Irradiação** Forte influência energética de Orixá, Guia, Guardião e de espíritos em geral, mas não em estado de incorporação, por vezes precedendo-a ou sucedendo-a.

**Irró!** Ver **Ri ró!**

**Iruexim** Espécie de chicote de Iansã, feito com rabo de cavalos, para espantar eguns. O vocábulo deriva do iorubá "irù esin", com o sentido de "rabo de cavalo".

**Iruquerê** Símbolo da realeza de Oxóssi, o iruquerê. À maneira de mata-moscas, é feito de pelos de rabo de boi, em cabo de madeira ou metal. O vocábulo deriva do iorubá "ìrùkèrè", que se refere à insígnia de poder real e sacerdotal.

# 118      **Dicionário de Umbanda**

**Itãs** Itãs são relatos míticos da tradição iorubá, notadamente associados aos 256 odus (16 odus principais X 16). O vocábulo "itã" quase não é empregado na Umbanda, contudo os relatos míticos/mitológicos se disseminam com variações, adaptações etc.

Uma das características da Espiritualidade do Terceiro Milênio é a (re)leitura e a compreensão do simbólico. Muitos devem se perguntar como os Orixás podem ser tão violentos, irresponsáveis e mesquinhos, como nas histórias aqui apresentadas. Com todo respeito aos que creem nesses relatos ao pé da letra, as narrativas são caminhos simbólicos riquíssimos encontrados para tratar das energias de cada Orixá e de valores pessoais e coletivos. Ao longo do tempo puderam ser ouvidas e lidas como índices religiosos, culturais, pistas psicanalíticas, oralitura e literatura.

Para vivenciar a espiritualidade das religiões de matriz africana de maneira plena, é preciso distinguir a letra e o espírito, não apenas no tocante aos mitos e às lendas dos Orixás, mas também aos pontos cantados, aos orikis etc. Quando se desconsidera esse aspecto, existe a tendência de se desvalorizar o diálogo ecumênico e inter-religioso, assim como a vivência pessoal da fé. O simbólico é um grande instrumento para a reforma íntima, o autoaperfeiçoamento, a evolução.

Ressignificar esses símbolos, seja à luz da fé ou da cultura, é valorizá-los ainda mais, em sua profundidade e também em sua superfície, ou seja, em relação ao espírito e ao corpo, à transcendência e ao cotidiano, uma vez que tais elementos se complementam.

Um ouvinte/leitor mais atento à interpretação arquetípica psicológica (ou psicanalística) certamente se encantará com as camadas interpretativas da versão apresentada para o relato do ciúme que envolve Obá e Oxum em relação ao marido, Xangô. Os elementos falam por si: Oxum simula cortar as duas orelhas para agradar ao marido; Obá, apenas uma (O ciúme, como forma de apego, é uma demonstração de

---

Itã – Itã

afeto distorcida unilateral, embora, geralmente, se reproduza no outro, simbioticamente, pela lei de atração dos semelhantes, segundo a qual não há verdugo e vítima, mas cúmplices, muitas vezes inconscientes.). A porção mutilada do ser é a orelha, a qual, na abordagem holística, associa-se ao órgão sexual feminino, ao aspecto do côncavo, e não do convexo. Aliás, *aurícula* (*orelha*, em latim) significa, literalmente, *pequena vagina*. O fato de não haver relação direta entre latim e iorubá, isso apenas reforça que o inconsciente coletivo e a sabedoria ancestral são comuns a todos e independem de tempo e espaço.

A seguir, de forma sintética, relatos mitológicos de alguns Orixás:

**Oxalá**

Antes o mundo era cheio de água, um verdadeiro pântano, sem terra firme. No Orum (em tradução livre, "Plano Espiritual", "Céu") viviam, além de Olorum, os Orixás, que vez ou outra vinham ao Aiê (em tradução livre, "Terra") para brincar nos pântanos, descendo por teias de aranha. Até que um dia Olorum chamou Oxalá, dizendo querer criar terra firme no Aiê, encarregando dessa tarefa o grande Orixá, a quem deu uma concha, uma pomba e uma galinha com cinco dedos em cada pé.

Então Oxalá desceu até o pântano e verteu a terra da concha, colocando sobre ela a pomba e a galinha, que começaram a ciscar, espalhando a terra da concha até se formar terra firme por toda parte. Oxalá foi até Olorum e lhe comunicou o resultado da tarefa. Olorum enviou um camaleão ao Aiê, o qual não pode andar no solo, pois ainda não era tão firme. O camaleão relatou a experiência a Olorum, tornou a voltar ao Aiê, onde encontrou terra realmente firme e ampla, podendo a vida aí se desenvolver.

O lugar ficou conhecido como Ifé ("ampla morada"). Oxalá prosseguiu em sua tarefa de criar o mundo e tudo o que ele contém.

Itã – Itã

## Ogum

Temível guerreiro, Ogum partiu para a guerra. Quando retornou a Irê, a população estava num ritual em que se devia guardar silêncio. Por isso, ninguém saudou Ogum, que, indignado, começou a matar os próprios súditos.

Finda a cerimônia e, portanto, o silêncio ritual, o filho de Ogum e outros súditos vieram prestar homenagens ao rei, celebrando suas vitórias. Contudo, Ogum estava inconsolável, passava os dias atormentado pela culpa.

Ogum, então, cravou sua espada no chão, que se abriu, tragando-o. Pronto: estava no Orum, a morada dos deuses. Havia se tornado Orixá.

## Oxóssi

Na comemoração anual da colheita de inhames, um grande pássaro pousou no telhado do palácio, assustando a todos. O pássaro havia sido enviado pelas mães ancestrais, que não haviam sido convidadas.

Para abater a ave, o rei chamou os melhores caçadores do reino, dentre eles Oxotogum, o caçador das vinte flechas; Oxotogi, o caçador das quarenta flechas; Oxotadotá, o caçador das cinquenta flechas. Todos erraram o alvo e foram aprisionados pelo rei.

Então, Oxotocanxoxô, o caçador de uma flecha só, auxiliado por um ebó votivo para as mães ancestrais/feiticeiras, sugerido por um babalaô à mãe do caçador, disparou sua flecha e matou a ave.

Todos celebraram o feito. Honrarias foram concedidas ao caçador, que passou a ser conhecido como Oxóssi, isto é, "o caçador Oxô é popular".

## Xangô

Xangô e seus comandados lutavam contra inimigo cruel, que mutilava e torturava os homens de Xangô, matando-os e entregando-os aos pedaços a seu comandante.

Itã – Itã

Então, Xangô subiu a uma pedreira e consultou-se com Orumilá, pedindo-lhe auxílio. Com seu oxê (machado duplo), começou a bater nas pedras, de onde brotavam faíscas que consumiram os soldados inimigos. Por sua vez, os comandantes inimigos foram consumidos por um raio enviado por Xangô no momento máximo de sua cólera. Contudo, os soldados sobreviventes foram poupados por Xangô, que passou a ser conhecido por sua justiça e procurado para resolver toda sorte de contenda.

**Obaluaê**
Ao voltar à aldeia natal, Obaluaê viu uma grande festa, com todos os Orixás. Porém, em razão da própria aparência, não ousava entrar na festa. Ogum tentou ajudá-lo, cobrindo-o com uma roupa de palha que o escondia até sua cabeça. Obaluaê entrou na festa, mas não se sentia à vontade. Iansã, que tudo acompanhava, teve muita compaixão de Obaluaê.

Então, a senhora dos ventos, esperou que Obaluaê fosse para o centro do barracão onde ocorria a festa e os Orixás dançavam animados. Soprou as roupas de Obaluaê e as palhas se levantaram com o vento, as feridas de Obaluaê pularam, numa chuva de pipoca.

Obaluaê, agora um jovem bastante atraente, tornou-se amigo de Iansã Igbale, reinando ambos sobre os espíritos (eguns).

**Iemanjá**
Desde o início da criação, os seres humanos começaram a poluir o mar. Por essa razão, Iemanjá e sua casa viviam sujas. Então, Iemanjá foi reclamar com Olorum, que lhe deu o poder de devolver à praia tudo o que sujasse as águas do mar.

Surgiram, assim, as ondas, que devolvem a terra o que não pertence ao mar.

### Nanã

Quando recebeu ordens de Olorum para criar o homem, Oxalá se utilizou, sem sucesso, de várias matérias-primas.

Tentou o ar, mas o homem se desfez rapidamente. Experimentou a madeira, mas o homem ficou muito duro. O mesmo, e com mais intensidade, aconteceu com a pedra. Com o fogo, nada feito, pois o homem se consumiu. Oxalá tentou outros elementos, como água e azeite.

Então Nanã, com seu ibiri, apontou para o fundo do lago e de lá retirou a lama que entregou a Oxalá para ele fazer o homem. Deu certo: o homem foi modelado de barro e, com o sopro de Olorum, ganhou vida.

Quando morre, o corpo físico do homem retorna à terra de onde veio por empréstimo de Nanã.

### Oxum

Desde o início do mundo os Orixás masculinos decidiam tudo, porém excluíam as mulheres. Como Oxum não se conformava com essa atitude, deixou as mulheres estéreis. Os homens foram consultar Olorum, que os aconselhou a convidar Oxum e as outras mulheres para participarem das reuniões e decisões. Assim fizeram, e as mulheres voltaram a gerar filhos.

### Iansã

Iansã adorava suas joias. Um dia quis sair de casa com elas, mas seus pais não permitiram, argumentando que era perigoso.

Tempestuosa, Iansã entregou, então, suas joias a Oxum, varou o teto da casa, voando, ventando.

### Ibejis

Os gêmeos, filhos de Xangô e Oxum, adoravam brincar e se divertir. Tinham predileção por tocar seus tambores mágicos, presentes de Iemanjá, sua mãe adotiva.

Por esse tempo, Icu, a morte, havia colocado armadilhas por todo o caminho, que ninguém conseguia desarmar. E as pessoas morriam, morriam. Os Ibejis decidiram derrotar a morte. Foram por um caminho onde ela havia posto uma armadilha. Um foi pela trilha, o outro, escondido na mata. Aquele que seguia pela trilha, tocava o tambor mágico. A Morte adorou e o avisou da armadilha, poupando-lhe a vida. E a Morte dançava. Quando se cansou, um gêmeo trocou de lugar com o outro e prosseguiu com a música. E a Morte dançava.

Ao longo do tempo e do caminho, o tambor não parava. A Morte foi se cansando, mas não conseguia interromper a dança. Pediu para que a música parasse. Os Ibejis, então, disseram que parariam a música desde que a Morte retirasse as armadilhas. Ela concordou.

Assim, os Ibejis venceram Icu, a Morte.

### Exu

Exu vagava pelo mundo, sem destino, sem se fixar em lugar algum ou exercer alguma profissão. Simplesmente ia de um canto a outro. Um dia começou a ir a casa de Oxalá, onde passava o tempo a observar o velho Orixá a fabricar os seres humanos.

Outros visitavam Oxalá, ficavam alguns dias, mas nada aprendiam, apenas admiravam a obra de Oxalá, entregando-lhe oferendas. Por sua vez, Exu ficou dezesseis anos na casa de Oxalá, ajudando e aprendendo como se fabricavam os humanos, observando, atento, sem nada perguntar.

Como o número de humanos para fazer só aumentava, Oxalá pediu a Exu para ficar na encruzilhada por onde passavam os visitantes, não permitindo que passassem os que nada trouxessem ao velho Orixá. Exu, então, recolhia as oferendas e entregava a Oxalá, que resolveu recompensá-lo, de modo que todo visitante deveria também deixar algo para Exu.

Exu se fixou de vez como guardião de Oxalá, fez sua casa na encruzilhada e prosperou.

# J

**Jacutá**  A acepção mais comum é a de altar.

**Jesus**  Ora visto como a encarnação de Deus, a segunda pessoa da Santíssima Trindade (influência do Catolicismo), ora visto como o médium mais evoluído (influência do Espiritismo), Jesus é sincretizado com Oxalá e o grande exemplo para que todos promovam o desenvolvimento do Cristo interior.

**Jetruá!**  Saudação a Boiadeiros e Boiadeiras. Significa "Salve o que tem braço (pulso) forte!".

**Jira**  Embora a etimologia evoque o vocábulo quimbundo "nijra" (caminho) e ambas as formas, "gira" e "jira", sejam dicionarizadas, o uso mais corrente é a grafia "gira", inclusive pela semelhança e aproximação com o verbo "girar".
Ver **Gira**.

**Joelhos (estar de)**  Traduz respeito, humildade, equilíbrio/reequilíbrio energético entre o que está no alto e o que está embaixo (em especial, a energia telúrica).

**Juntó**  Ver **Adjuntó**.

**Jurema**  Nome de Cabocla. Planta da família das leguminosas, utilizada no preparo de bebida indutora do transe em cultos afro-brasileiros. Religião também conhecida como Jurema Sagrada, Jurema Nordestina e Catimbó.
Ver **Catimbó**.

**Juremeiro**  Praticante da Jurema.

# K

**Kardecismo** Ver **Espiritismo**.

**Kaô Cabecile! ou Kaô Cabecilê!** Saudação a Xangô. Significa "Venham saudar o rei!".

**Kimbanda** Ver **Quimbanda**.

**Kiumba** Ver **Quiumba**.

**Kiumbanda** Ver **Quiumbanda**.

# L

**Laroiê!** Saudação a Exus e Pombogiras. Significa "Salve Mensageiro (ou Pombogira)!".

**Lê** Ver **Atabaques**.

**Legbara** Forma como também são conhecidas e chamadas as Pombogiras. Para se compreender a origem do vocábulo, veja **Vodum**.

**Legião** Ver **Falange**.

**Legislação** Alguns importantes marcos legais para o respeito à liberade de culto das religiões de matriz africana:

- Constituição Federal de 1988 – artigos 3º, 4º, 5º, 215 e 216.
- Lei 9.459, de 13 de maio de 1997. Injúria racial.
- Lei 10.639, de 09 de janeiro de 2003. Obrigatoriedade da inclusão da temática História e Cultura Afro-brasileira no currículo oficial da rede de ensino.
- Lei 10.678, de 23 de maio de 2003. Cria a Secretaria de Políticas de Promoção da Igualdade Racial.
- Decreto 4.886, de 20 de novembro de 2003. Instituição da Política Nacional de Promoção da Igualdade Racial.
- Decreto 5.051, de 19 de abril de 2004. Promulgação da Convenção 169 da Organização Internacional do Trabalho.
- Resolução número 1, de 17 de junho de 2004, do Conselho Nacional de Educação. Diretrizes curriculares para educação das relações étnico-raciais e para o ensino de História e Cultura Afro-brasileira e Africana.

# Dicionário de Umbanda

- Decreto 6.040, de 07 de fevereiro de 2007. Instituição da Política Nacional de Desenvolvimento Sustentável dos Povos e Comunidades Tradicionais.
- Decreto 6.177, de 1º de agosto de 2007. Promulga a Convenção sobre a Proteção e Promoção da Diversidade das Expressões Culturais da Organização das Nações Unidas para a Educação, a Ciência e a Cultura – UNESCO.
- Portaria 992, de 13 de maio de 2009. Instituição da Política Nacional de Saúde Integral da População Negra.
- Decreto 6.872, de 04 de junho de 2009. Instituição do Plano Nacional de Promoção da Igualdade Racial.
- Lei 12.288, de 20 de julho de 2010. Estatuto da Igualdade Racial.
- Decreto 7.271, de 25 de agosto de 2010. Diretrizes e objetivos da Política Nacional de Segurança Alimentar e Nutricional.

Ver **Dia Nacional da Umbanda**.

**Lei** Princípios, valores e fundamentos de Umbanda.

**Lei de Pemba** Conjunto de pontos riscados com pemba, os quais identificam características específicas de Orixás, Guias e Guardiões.

**Linha** Faixa vibratória comandada por um Orixá e/ou Guia ou Guardião, agregando elementos afins.

**Linha Cigana** Ver **Ciganos**.

**Linha d'Água** Ver **Linha de Iemanjá**.

**Linha da Bahia** Ver **Baianos**.

**Linha das Almas** Ver **Linha de Yorimá**.

**Linha das Crianças** Ver **Linha de Yori**.

**Linha de Cura** Ver **Mentores de Cura**.

**Linha de Iemanjá** Também conhecida como Linha d´Água ou Povo d´Água. Representa o feminino, a maternidade, a energia geradora. As entidades dessa linha apreciam trabalhar com água, inclusive do mar ou salgada, fixando vibrações, de maneira serena.

Na Umbanda, Oxum, Iansã e Nanã, assim como as demais iabás (Orixás femininos/Santas) pertencem a essa Linha.

| Sete chefes de legião da vibração espiritual de Iemanjá | |
|---|---|
| Cabocla Iara | Representante da vibração espiritual |
| Cabocla Estrela do Mar | Intermediário para Oxalá |
| Cabocla Indaiá | Intermediário para Oxóssi |
| Cabocla do Mar | Intermediário para Ogum |
| Cabocla Iansã | Intermediário para Xangô |
| Cabocla Nanã Buruquê | Intermediário para Yorimá |
| Cabocla Oxum | Intermediário para Yori |

**Linha de Ogum** Ogum protege as batalhas da vida, toma a frente das demandas da fé e de tudo o que nos aflige. É a Linha do guerreiro místico, espiritual. Os pontos cantados e as preces relacionadas a essa Linha evocam as lutas, as batalhas, a determinação.

Orixá mediador dos choques cármicos, Ogum rege Caboclos que andam de um lado para o outro, enérgicos, vivazes, que falam de maneira vibrante e decidida.

| Sete chefes de legião da vibração espiritual de Ogum | |
|---|---|
| Ogum Dilê | Representante da vibração espiritual |
| Ogum Matinata | Intermediário para Oxalá |
| Ogum Rompe-Mato | Intermediário para Oxóssi |
| Ogum Beira-Mar | Intermediário para Xangô |
| Ogum de Malê | Intermediário para Yorimá |
| Ogum Megê | Intermediário para Yori |
| Ogum Iara | Intermediário para Iemanjá |

**Linha de Oxalá** Vibração que coordena as demais, a Linha de Oxalá e a que representa o reflexo de Deus. As entidades dessa linha costumam falar calmamente. Seus pontos cantados possuem grande aspecto místico. Raramente assumem chefia de cabeça.

| Sete chefes de legião da vibração espiritual de Oxalá | |
|---|---|
| Caboclo Urubatão da Guia | Representante da vibração espiritual |
| Caboclo Guaracy | Intermediário para Ogum |
| Caboclo Guarani | Intermediário para Oxóssi |
| Caboclo Aimoré | Intermediário para Xangô |
| Caboclo Tupi | Intermediário para Yorimá |
| Caboclo Ubiratan | Intermediário para Yori |
| Caboclo Ubirajara | Intermediário para Iemanjá |

**Linha de Oxóssi** Falas, passes, trabalhos e conselhos: tudo é sereno, seguro e forte nas entidades regidas por Oxóssi, o Caçador das Almas. Seus pontos cantados evocam a natureza e sua espiritualidade, notadamente a das matas.

| Sete chefes de legião da vibração espiritual de Oxóssi | |
| --- | --- |
| Caboclo Arranca-Toco | Representante da vibração espiritual |
| Caboclo Arariboia | Intermediário para Ogum |
| Caboclo Arruda | Intermediário para Oxalá |
| Caboclo Cobra Coral | Intermediário para Xangô |
| Caboclo Tupinambá | Intermediário para Yorimá |
| Cabocla Jurema | Intermediário para Yori |
| Caboclo Pena Branca | Intermediário para Iemanjá |

**Linha de Xangô** Os pontos cantados dessa Linha nos remetem aos pontos de força do Orixá Xangô: pedreiras, cachoeiras, montanhas. Justiça, lei cármica (ação e reação), avaliação do estado espiritual são alguns dos aspectos atrelados a Xangô e a essa Linha.

| Sete chefes de legião da vibração espiritual de Xangô | |
| --- | --- |
| Xangô Caô | Representante da vibração espiritual |
| Xangô Pedra Branca | Intermediário para Oxalá |
| Xangô Agodô | Intermediário para Oxóssi |
| Xangô Sete Montanhas | Intermediário para Ogum |
| Xangô Sete Cachoeiras | Intermediário para Yori |
| Xangô Pedra Preta | Intermediário para Yorimá |
| Xangô Sete Pedreiras | Intermediário para Iemanjá |

**Linha de Yori** Espíritos evoluídos que se manifestam como crianças, serenas ou um pouco vivazes, compõem a Linha de Yori. A maioria gosta de se sentar ao chão, outros de andar de lá para cá. Apreciam bastante os doces. Seus pontos cantados ora são alegres, ora tristes, com constantes evocações ao Papai e à Mamãe do Céu.

As crianças ensinam ao mais sisudo dos médiuns e/ou aos irmãos da assistência a importância da alegria, da leveza, do lúdico, do despertar e dos cuidados para com a criança interior. Além disso, nos lembram do respeito às crianças encarnadas, conforme o conselho do próprio Mestre Jesus, quando pede que deixem as crianças chegar até Ele.

Nas giras de alguns templos dão consulta. Em outras, interagem, conversam, benzem e cruzam os presentes. Sempre alegram e purificam o ambiente.

Em suas festas, em algumas casas, por influência dos Cultos de Nação, é servido caruru, o qual é servido primeiro aos espíritos da Linha de Yori, depois às crianças encarnadas presentes, sendo que todos devem comer com as mãos. Depois o caruru é servido aos adultos, que comem com talheres ou, se preferirem, também com as mãos.

| Sete chefes de legião da vibração espiritual de Yori | |
| --- | --- |
| Tupãzinho | Representante da vibração espiritual |
| Ori | Intermediário para Oxalá |
| Damião | Intermediário para Oxóssi |
| Yari | Intermediário para Ogum |
| Doum | Intermediário para Xangô |
| Cosme | Intermediário para Yorimá |
| Yariri | Intermediário para Iemanjá |

**Linha de Yorimá** Na Linha de Yorimá ou Linha das Almas, Magos da Luz, por meio de suas mirongas, trazem luz, amparo e conforto a todos. Apreciam trabalhar com diversos elementos, dentre eles fumo e fumaça, fixando os bons fluidos e eliminando os maléficos.

Eficazes auxiliares de outros guias.

As atitudes, as palavras, os conselhos dos Pretos-Velhos, pais e vovôs amorosos, bem como seus pontos cantados, nos convidam à humildade, ao perdão, ao autoperdão e a assumir novas posturas diante da vida.

| Sete chefes de legião da vibração espiritual de Yorimá | |
| --- | --- |
| Pai Guiné | Representante da vibração espiritual |
| Pai Tomé | Intermediário para Oxalá |
| Pai Joaquim | Intermediário para Oxóssi |
| Pai Benedito | Intermediário para Ogum |
| Vovó Maria Conga | Intermediário para Xangô |
| Pai Congo d'Aruanda | Intermediário para Yori |
| Pai Arruda | Intermediário para Iemanjá |

**Linha do Cangaço** Por vezes confundida com a Linha da Bahia, agrega espíritos de antigos cangaceiros ou afins que hoje usam seus conhecimentos para proteção, limpeza, defesa e outros. Alguns de seus nomes: Maria Bonita, Corisco, Zóio Furado etc.

**Linha do Oriente** Linha bastante genérica, sempre aberta às entidades ancestrais as mais diversas, isto é, a espíritos os mais variados que com ela se afinem, agrupando-se de acordo com distintas tradições, traços culturais etc.

Além de muitas vezes incluir o Povo Cigano, muitas casas não reconhecem a Linha do Oriente, "distribuindo" os Guias e as Entidades nas Linhas de Pretos-Velhos ou Caboclos.

Em linhas gerais, sua ritualística é diversa, os Guias não trabalham com bebidas alcoólicas (no caso dos Ciganos, sim), usam roupas coloridas e metais nobres (ouro, prata e bronze). Podem ainda não utilizar atabaques, mas instrumentos como harpa ou cítara. Suas oferendas também são específicas.

| Algumas Legiões da Linha do Oriente | |
| --- | --- |
| **Legiões** | **Exemplos de Guias e/ou desdobramentos** |
| Legião dos Indianos | Ramatís<br>Caboclo Pena de Pavão<br>Caboclo Sultão das Matas<br>Caboclo Sete Mares |
| Legião dos Árabes, Persas, Turcos e Hebreus | Cacique Jacó<br>Caboclo das Sete Encruzilhadas<br>Caboclo Orixá Malê<br>Caboclo Akuan (Abdul)<br>Caboclo Tupaíba |
| Legião dos Chineses, Tibetanos, Japoneses e Mongóis | Tibiri, o Japonês |
| Legião dos Egípcios | |
| Legião dos Maias, Toltecas, Astecas, Incas e Caraíbas | |
| Legião dos Europeus | Falange dos Portugueses<br>Falange dos Cruzados<br>Falange dos Templários<br>Falange dos Romanos |
| Legião dos Médicos, Sábios e Xamãs | Falange dos Santos Curadores<br>Falange dos Médicos Ocidentais<br>Falange dos Terapeutas Orientais<br>Falange dos Rezadores<br>Falange dos Cabalistas e Alquimistas<br>Falange dos Raizeiros<br>Falange dos Xamãs |

**Linha dos Exus** A seguir, há uma lista sintética a respeito da organização da Linha dos Exus, contudo, como em outras Linhas e Falanges, existem variações. Exu Marabô, por exemplo, geralmente se apresenta trabalhando sob as ordens de Oxóssi, mas também sob as de Xangô.

| Os Sete Exus Chefes de Falange Vibração Espiritual de Oxalá | |
| --- | --- |
| Exu Sete Encruzilhadas | Comando negativo da linha |
| Exu Sete Chaves | Intermediário para Ogum |
| Exu Sete Capas | Intermediário para Oxóssi |
| Exu Sete Poeiras | Intermediário para Xangô |
| Exu Sete Cruzes | Intermediário para Yorimá |
| Exu Sete Ventanias | Intermediário para Yori |
| Exu Sete Pembas | Intermediário para Iemanjá |

| Os Sete Exus Chefes de Falange Vibração Espiritual de Iemanjá | |
| --- | --- |
| Pombogira Rainha | Comando negativo da linha |
| Exu Sete Nanguê | Intermediário para Ogum |
| Pomba-gira Maria Molambo | Intermediário para Oxóssi |
| Exu Sete Carangola | Intermediário para Xangô |
| Exu Maria Padilha | Intermediário para Yorimá |
| Exu Má-canjira | Intermediário para Yori |
| Exu Maré | Intermediário para Oxalá |

## Dicionário de Umbanda

| Os Sete Exus Chefes de Falange Vibração Espiritual de Yori | |
|---|---|
| Exu Tiriri | Comando negativo da linha |
| Exu Toquinho | Intermediário para Ogum |
| Exu Mirim | Intermediário para Oxóssi |
| Exu Lalu | Intermediário para Xangô |
| Exu Ganga | Intermediário para Yorimá |
| Exu Veludinho | Intermediário para Oxalá |
| Exu Manguinho | Intermediário para Iemanjá |

| Os Sete Exus Chefes de Falange Vibração Espiritual de Xangô | |
|---|---|
| Exu Gira-mundo | Comando negativo da linha |
| Exu Meia-Noite | Intermediário para Ogum |
| Exu Mangueira | Intermediário para Oxóssi |
| Exu Pedreira | Intermediário para Oxalá |
| Exu Ventania | Intermediário para Yorimá |
| Exu Corcunda | Intermediário para Yori |
| Exu Calunga | Intermediário para Iemanjá |

| Os Sete Exus Chefes de Falange Vibração Espiritual de Ogum | |
|---|---|
| Exu Tranca-rua | Comando negativo da linha |
| Exu Tira-teimas | Intermediário para Oxalá |
| Exu Veludo | Intermediário para Oxóssi |
| Exu Tranca-gira | Intermediário para Xangô |
| Exu Porteira | Intermediário para Yorimá |
| Exu Limpa-trilhos | Intermediário para Yori |
| Exu Arranca-toco | Intermediário para Iemanjá |

Lin – Lin

| Os Sete Exus Chefes de Falange Vibração Espiritual de Oxóssi | |
| --- | --- |
| Exu Marabô | Comando negativo da linha |
| Exu Pemba | Intermediário para Ogum |
| Exu da Campina | Intermediário para Oxalá |
| Exu Capa Preta | Intermediário para Xangô |
| Exu das Matas | Intermediário para Yorimá |
| Exu Lonan | Intermediário para Yori |
| Exu Bauru | Intermediário para Iemanjá |

| Os Sete Exus Chefes de Falange Vibração Espiritual de Yorimá | |
| --- | --- |
| Exu Caveira | Comando negativo da linha |
| Exu do Lodo | Intermediário para Ogum |
| Exu Brasa | Intermediário para Oxóssi |
| Exu Come-fogo | Intermediário para Xangô |
| Exu Pinga-fogo | Intermediário para Oxalá |
| Exu Bará | Intermediário para Yori |
| Exu Alebá | Intermediário para Iemanjá |

**Livre-arbítrio** Princípio amplamente respeitado na Umbanda, seja nas escolhas pessoais de cada um, seja nas intenções de preces, trabalhos, oferendas e outros, isto é, respeita-se o próprio livre-arbítrio e o dos demais.

**Logun-edé** Filho de Oxum e Oxóssi, vive metade do ano na água (como mulher) e a outra metade no mato (como homem). Em seu aspecto feminino, Logun-edé usa saia cor-de-rosa e coroa de metal, assim como um espelho. Em seu aspecto masculino, usa capacete de metal, arco e flecha, capangas e espada. Veste sempre cores claras. Sua origem é ijexá (Nigéria).

Príncipe dos Orixás, combina a astúcia dos caçadores com a paciência dos pescadores. Seus pontos de força na natureza compreendem barrancas, beiras de rios, vapor fino sobre as lagoas que se espraia pela mata, nos dias quentes. Vivencia plenamente os dois reinos, o das águas e o das matas.

Por seu traço infantil e hermafrodita, nunca se casou, preferindo a companhia de Euá, que, assim como Logun-Edé, vive solitária e nos extremos de mundos diferentes. Solidário, preocupa-se com os que nada têm, empático com seus sofrimentos, distribuindo para eles caça e riqueza.

**Características**

**Animal:** cavalo-marinho.

**Bebida:** as mesmas de Oxum e Oxóssi.

**Cores:** azul celeste com amarelo.

**Comemoração:** 19 de abril.

**Comidas:** as mesmas de Oxum e Oxóssi.

**Contas:** contas e miçangas de cristal azul-celeste e amarelo.

**Corpo humano e saúde:** órgãos localizados na cabeça e problemas respiratórios.

**Elementos:** água e terra.

**Elementos incompatíveis:** abacaxi, cabeça de bicho, cores vermelha ou marrom.

**Ervas:** as mesmas de Oxum e Oxóssi.

**Essências:** as mesmas de Oxum e Oxóssi.

**Flores:** as mesmas de Oxum e Oxóssi.

**Metais:** latão e ouro.

**Pedras:** turquesa, topázio.

**Pontos da natureza:** margens dos rios nas matas.

**Saudação:** Lossi lossi!

**Símbolos:** abebê (espelho) e ofá (arco e flecha).

**Sincretismo:** Santo Expedito.

**Lossi lossi!** Saudação a Logun-edé. Significa "Jovem dos rios!".

# M

**Macaia** Mata. Floresta. Folhas. Tabaco. Do quimbundo "makaya", plural de "ekaya", que significa "folha" ou "folha de fumo".

**Macumba** Nome genérico e geralmente pejorativo com que se referem às religiões afro-brasileiras, macumba foi também uma manifestação religiosa, no Rio de Janeiro, que em muito se aproximava da cabula. O chefe do culto também era conhecido como embanda, umbanda ou quimbanda, tendo como ajudantes cambonos ou cambones. As iniciadas eram conhecidas ora como filhas de santo (influência jeje--nagô), ora como médiuns (influência do espiritismo).

Orixás, Inquices, caboclos e santos católicos eram alinhados em falanges ou linhas, como a da Costa, de Umbanda, de Quimbanda, de Mina, de Cambinda, do Congo, do Mar, de Caboclo, de Cruzada e outros.

De origem banta, porém com étimo controvertido, macumba poderia advir do quimbundo "macumba", plural de "dikumba", significando "cadeado" ou "fechadura", em referência aos rituais de fechamento de corpo. Ou ainda viria do quicongo "macumba", plural de "kumba", com o sentido de "prodígios", "fatos miraculosos", em referência a cumba, feiticeiro. Com outras raízes etimológicas, no Brasil, o vocábulo designou, ainda, um tipo de reco-reco e um jogo de azar.

Para dissociar-se do sentido pejorativo, o vocábulo macumba tem sido utilizado nas artes em geral com valor positivo. O marco mais recente é o CD "Tecnomacumba", da cantora maranhense Rita Benneditto.

**Macumbado** Diz-se de alguém envolvido por energias negativas provocadas por outrem.

**Madrinha** Dirigente Espiritual feminina. O vocábulo também é empregado em sua acepção mais conhecida, como no caso de Batismo.

**Mãe Pequena** Na direção espiritual da casa, conta-se com a mãe pequena, auxiliar direta do(a) babá e, em sua ausência, substituta. O termo deriva do iorubá "Ìyá Kékeré".

**Mãe de Santo** Sacerdotisa de Umbanda ou de outra religião de matriz africana.

As traduções mais próximas para os termos *babalóòrisá* e *ìyálorìsa* seriam pai ou mãe no santo, contudo o uso popular consagrou pai ou mãe de santo. Para evitar equívocos conceituais e/ou teológicos, alguns sacerdotes utilizam-se do termo zelador ou zeladora de santo.

**Magia** Emprego das forças naturais ou ocultas, para o bem ou para o mal.

**Maioral** Forma comum com que se refere ao Exu mais poderoso (para alguns, Satanás ou Diabo).

**Malandros** Costumam trabalhar para diversos assuntos, no desmanche de magias deletérias, na abertura de caminhos, em curas. A capacidade espiritual elevada e a flexibilidade talvez sejam mais bem representadas por Zé Pelintra (ou Zé Pilintra), que se apresenta, por exemplo, no Catimbó e, na Umbanda, nas giras de Malandros, na Linha das Almas, entre os Baianos e, embora não seja propriamente Exus, na Esquerda (Como diz um célebre ponto, "na direita ou na esquerda/ seu serviço é aprovado".). Dentre as Malandras, uma das mais célebres é Maria Navalha.

Brincalhões, gostam de dançar, de festas e vestem-se com aprumo, em especial com terno branco, sapato branco ou branco e vermelho, chapéu branco com fita vermelha ou chapéu de palha, gravata vermelha e bengala. Fumam cigarros, cigarrilhas ou charutos, bebem batidas, conhaque, uísque, cerveja e outros. Suas guias variam, podendo ser, por exemplo, vermelhas e brancas, vermelhas e pretas, brancas e pretas, de coquinho com olho-de-exu etc. Seus pontos de força são morros, cemitérios, encruzilhadas e outros. Nas portas de terreiro por vezes há uma imagem de Malandro, pois costumam tomar conta de entradas, portas e similares. Pela Lei de Evolução, os Malandros podem vir a se tornar Exus, continuando seu trabalho de assistência e proteção.

Trata-se de espíritos que geralmente, em vida, se envolveram com jogos, boemia, prostituição e outros, trabalhando para a Luz, utilizam-se da malandragem sadia para driblar situações negativas, sempre respeitando o livre-arbítrio, ensinando a todos a não a puxar o tapete de alguém, mas a ficar esperto para não deixar que ninguém puxe o seu.

O Zé Pelintra histórico, arquétipo maior dos Malandros, é identificado com a figura de José dos Anjos, nascido no interior de Pernambuco, negro forte que adorava jogar, beber, brigar e era mulherengo. Era especialmente bondoso com as mulheres. Levava o jogo a sério, mas não enganava os ingênuos, chegando a dispensá-los dos jogos. Quanto aos que se pretendiam espertos, enganava-os nos dados e nas cartas, buscando sempre levar a melhor, enquanto bebia prazerosamente. Teve morte misteriosa, atribuída por muitos a uma de suas amantes, que teria sido responsável por seu envenenamento.

Camisa Listrada, Malandrinho, Maria do Cais, Maria Navalha, Sete Navalhadas, Zé do Coco, Zé de Légua, Zé da Luz, Zé Malandro, Zé Moreno, Zé Pelintra, Zé Pereira, Zé Pretinho.

**Malembe** Ver **Maleme**.

**Maleme** Pedido de perdão, misericórdia. Do quicongo "ma-lembe", que significa voto de saúde, paz etc., relacionado ao quimbundo "ma--lembe", que quer dizer "suave".

**Mandinga** O vocábulo é tanto empregado para ação magística positiva: "Os Pretos-Velhos usam mandingas.", quanto negativa: "Fulano usou mandinga para derrubar Sicrano na empresa.". Qualidade de jogo de capoeira. Do quicongo "ndinga", que significa "praga".

**Mandingueiro** Aquele(a) que faz mandinga. O vocábulo é tanto empregado para ação magística positiva quanto negativa.

**Manifestação** Ver **Incorporação**.

**Mão de Faca** Ver **Axogum**.

**Mão de Vumbe** Tirar a mão de vumbe significa realizar rituais para desligamento da energia de dirigente espiritual desencarnado(a) sobre filhos e terreiros. Ver **Vumbe**.

**Marafa** Ver **Marafo**.

**Marafo** Aguardente. Do quimbundo "malufo", que significa "vinho".

**Marinheiros** Os marinheiros apreciam o álcool, o qual deve ser servido com parcimônia, com o intuito de regular o magnetismo desses espíritos, que, dessa maneira, se equilibram melhor em e com seus médiuns. Locomovem-se para frente e para trás em virtude do magnetismo aquático.

Alegres, brincalhões e amigáveis, identificam-se com a vida no mar, à qual estavam ligados quando encarnados (homens ou mulheres) como marujos, capitães, piratas, pescadores e outros. Atuam principalmente no desmanche de demandas, em casos de doença e no descarrego de ambientes onde ocorrem trabalhos espirituais. Literalmente lavam e purificam. Também dão consultas e passes. Toda a energia deletéria é encaminhada para o fundo do mar.

A origem dessa Linha, sem dúvida, é Iemanjá, contudo os Marinheiros trabalham sob a irradiação de diversos Orixás. Chefiados por

Tarimá, costumam andar em grupos. Alguns marinheiros: Chico do Mar, Maria do Cais, Seu Gererê, Seu Iriande, Seu Marinheiro Japonês, Seu Martim Pescador.

**Marmota** Ver **Marmotagem**.

**Marmotagem** Em linhas gerais, trata-se de atitudes extravagantes que fogem aos fundamentos das religiões de matriz africana. A marmotagem não deve ser confundida com a diversidade de elaboração e expressão de fundamentos religiosos.

Exemplos de marmotagem: simulação de incorporação; Pombogira fazendo compras em shopping center; baianos e boiadeiros bebendo em barracas de praia durante festa de Iemanjá; Caboclo ensinando filho de santo a usar máquina fotográfica durante uma gira; preto--velho passando número de celular de médium para consulente etc.

**Matrizes da Umbanda** Embora chamada popularmente de religião de matriz africana, na realidade, a Umbanda é um sistema religioso formado de diversas matrizes, com diversos elementos cada. Destacam-se o Africanismo, o Cristianismo, o Indianismo, o Kardecismo e o Orientalismo.

Por seu caráter ecumênico, de flexibilidade doutrinária e ritualística, a Umbanda é capaz de reunir elementos os mais diversos, de maneira orgânica. Esse movimento agregador é incessante: como a Umbanda permanece de portas abertas aos encarnados e aos espíritos das mais diversas origens étnicas e evolutivas, irmãos de várias religiões chegam aos seus templos em busca de saúde, paz e conforto espiritual, bem como outras falanges espirituais que se juntam à sua organização.

**Mau olhado** Ver **Quebrante**.

**Médium** Todo ser humano é médium, ou seja, instrumento de conexão com a Espiritualidade, captando energias afins. Existem diversas qualidades de médiuns, posto que muitos são os dons mediúnicos.

## Dicionário de Umbanda 143

**Médium de incorporação**  Ver **Médium rodante**.

**Médium de firmeza**  Médium que não incorpora, ou pode incorporar, mas também trabalhar não incorporado em determinadas ocasiões, trabalhando como médium de firmeza, que tem diversas tarefas, como os cambones e ogãs.

**Médim de transporte**  Médium preparado para receber espíritos obsessores, que, com o choque energético podem se comunicar, ser doutrinados e/ou encaminhados.

**Médium rodante**  Em linhas gerais, é o médium que incorpora Orixás, Guias e Guardiões, os quais se acoplam à estrutura espiritual do aparelho ou cavalo, de modo a se servirem de seu corpo físico para os trabalhos espirituais. Os médiuns rodantes, quanto à incorporação, podem ser inconscientes, conscientes ou semiconscientes.

O desenvolvimento mediúnico desses médiuns, como de todos os outros, deve ser bastante disciplinado, orientado e supervisionado pelos Guias-Chefes, bem como pelos dirigentes espirituais.

**Mediunidade**  Contato com o mundo espiritual por diversas maneiras e métodos, conforme os dons de cada um e as afinidades energéticas e vibratórias.

**Mentores de cura**  Os mentores de cura trabalham de diversas maneiras (Os métodos mais comuns são descritos adiante.). A fim de que seu trabalho seja bastante aproveitado, é necessário preparo e dedicação do médium, além da observação, por parte do paciente, de prescrições específicas (roupas, abstenções temporárias, repouso e outros).

Vale lembrar que, do ponto de vista holístico, o conceito de cura é amplo e depende de vários fatores: padrão de pensamento, reforma íntima, programação espiritual – a qual, evidentemente, pode ser revista, de acordo com a vivência cotidiana de cada um –, merecimento

**Méd – Men**

e outros. Nesse sentido, muitas vezes, obter a cura significa conseguir paz, equilíbrio e diminuição das dores para um desencarne sereno.

| Métodos de trabalho mais conhecidos | |
| --- | --- |
| Cirurgia espiritual | Estando o mentor espiritual incorporado no médium, poderá ou não valer-se de meios cirúrgicos elementares (cortes, punções, raspagens e outros). Envolve a manipulação do corpo físico por meio das mãos do médium. |
| Cirurgia perispiritual | Realizada diretamente no perispírito do paciente, em data e horário previamente determinados, pode ou não contar com a colaboração de um médium presente. |
| Cromoterapia | Atuando no corpo físico e no duplo etérico, em especial para males de origem emocional, é indicada pelos mentores de cura e deve ser aplicada por médiuns que conheçam a técnica. |
| Fluidoterapia | Atuando no corpo físico e no perispírito, deve ser aplicada por médiuns que conheçam a técnica. Indicada pelos mentores espirituais. |
| Homeopatia | Indicada pelos mentores espirituais, a Homeopatia está disponível em qualquer farmácia especializada e deve ser consumida conforme a indicação. |
| Reiki | Bastante utilizado para combater males de origem emocional e psíquica, deve ser aplicado por médium sintonizado (iniciado na técnica). |
| Visita espiritual | Realizada por equipe espiritual, em data e horário previamente estipulados. Nas visitas são aplicados passes, feitas orações e realizados, ainda, outros procedimentos. |
| Outros | Acupuntura, Aromaterapia, chás, Cristaloterapia, florais de Bach, Do-in etc. |

## Interação com os médiuns

| | |
|---|---|
| Incorporação | Sutil e geralmente consciente. Em muitos casos, o mentor se vale da fala, assumindo o controle motor quando necessário. |
| Intuição | Muito importante o equilíbrio e o desenvolvimento do médium, a fim de não haver distorção das orientações dos mentores (tratamentos, providências e outros). |
| Psicografia | Assemelha-se a toda e qualquer psicografia, entretanto os mentores costumam ditar receitas de tratamentos e medicamentos, alguns deles da própria Medicina dita Alopática. |

## Equipes espirituais

| | |
|---|---|
| Apoio | Auxiliam no levantamento do histórico dos pacientes e os inspiram a mudanças de hábitos e atitudes, a fim de que os tratamentos, remédios e demais terapêuticas sejam plenamente aproveitados. |
| Cirúrgicas | À semelhança das equipes cirúrgicas terrenas, possuem cirurgiões, assistentes, anestesistas etc. Diferem, contudo, a aparelhagem e a tecnologia disponíveis. Contribuem também com passes e aplicação de energias associados às intervenções cirúrgicas. |
| Oração | Equilibram o mental e o emocional do paciente, dos que o auxiliam e do ambiente, aumentando as boas energias. Essas equipes podem ser formadas por espíritos que, quando encarnados, foram religiosos e, portanto, acostumados às preces. |
| Passes | Antes, durante e depois das sessões, encarregam-se de aplicar passes em pacientes e médiuns, em especial nas sessões de cura e nas visitas espirituais. |
| Proteção | Nos tratamentos, visitas etc., protegem os pacientes da ação de espíritos com vibrações deletérias, geralmente causadores das doenças e desequilíbrios desses pacientes. |

| Tipos de Males | |
|---|---|
| Males cármicos | Doenças geralmente incuráveis (fatais ou não). Toda forma de tratamento, visa, portanto, a dar alívio, conforto e força ao paciente. |
| Males espirituais | Causados por obsessores, vampirizadores e outros espíritos, reverberam no corpo físico em forma de doenças. |
| Males físicos | Geralmente provocados por vícios, maus hábitos, má alimentação e outros fatores do cotidiano. Contudo, os males físicos estão atrelados aos demais, uma vez que representam a concretização/a última etapa da manifestação de outros males (espirituais, cármicos e mentais). |
| Males mentais | Depressão, angústia, apatia e outros. Se em muitos casos a ação é de obsessores, vampirizadores e outros espíritos afins, a maior parte origina-se da atitude mental dos pacientes (crenças cristalizadas, medos, culpa etc.). Os males mentais podem corporificar-se em forma de úlcera, hipertensão, câncer e uma extensa lista de doenças. |

**Mesa Branca** Ver **Centro de Mesa**.

**Metá-metá/metametá** São assim denominados os Orixás de natureza dupla, que carregam a energia masculina e feminina, certamente também pela semelhança com o vocábulo português "metade". Contudo, em iorubá, "méta-méta" significa "três ao mesmo tempo". No caso, Logun-Edé, por exemplo, seria metá-metá porque traz em si a sua natureza, a do pai (Oxóssi) e a da mãe (Oxum).

**Mijo de égua** Cerveja.

**Minaketo Navizala!** Saudação aos Boiadeiros. Significa "Salve o que tem braço (pulso) forte!".

**Mironga** Mistério, segredo, feitiço. Do quimbundo "milonga", plural de "mulonga", que significa "mistério".

**Mistificação** Ver **Marmotagem**.

Há formas de mistificação menos elaboradas, como falsos ensinamentos e informações para engrandecer o ego de médiuns e dirigentes espirituais, encenação de incorporações, atitudes sem fundamentos espirituais-religiosos etc.

**Mojubá** Saudação a Exu. Originalmente, em África e no Candomblé Ketu, como é possível verificar-se em vários orikis, saudação respeitosa dirigida aos Orixás, com o sentido de "Eu o(a) saúdo!". Do iorubá "mo juba", com o sentido de "Eu o(a) reconheço como superior.".

**Mongo** Sal. Do quimbundo "mongua", com correspondente umbundo "omongwa".

**Monokó** Forma comum (algumas vezes, pejorativa) como são conhecidos os homossexuais femininos nos terreiros.

**Morubixaba** Caboclo chefe de uma Tupã-oca (templo do Primado de Umbanda), ou seja de um Comandante Chefe de Terreiro (CCT).

Ver **Primado de Umbanda**.

**Mucamba** Ver **Cambona**.

**Muzenza** Termo do Candomblé Angola correspondente ao "iaô" do Candomblé Ketu. Termo pouco utilizado na Umbanda.

# N

**Nação** Quando se refere ao Candomblé, o vocábulo Nação, como bem observa Nei Lopes, refere-se "às unidades de culto, caracterizadas pelo conjunto de rituais peculiares aos indivíduos de cada uma das divisões étnicas que compunham, real ou idealizadamente, a massa dos africanos vindos para as Américas".

As três nações mais conhecidas no Brasil:

### Nação Ketu

A Nação Ketu, com suas características de culto aos Orixás e aos antepassados, talvez seja a mais conhecida do grande público. Muito contribuíram para isso diversas manifestações culturais, como a Literatura (Jorge Amado e João Ubaldo Ribeiro, dentre outros) e a Música (Vinicius de Moraes, Baden Powell, Chico Buarque etc.).

Segundo Nei Lopes, Ketu era:

*antigo reino da África ocidental cujo território foi cortado em dois pela fronteira Nigéria-Benin, estabelecida pelo colonialismo europeu. Não obstante, a região de Mèko, no lado nigeriano, ainda é vista como parte dele e o alákétu, governante tradicional, ainda a visita em sua cerimônia de posse. O povo Ketu é um subgrupo dos Iorubás, e seu ancestral, segundo a tradição, é o segundo filho de Oduduwa. O Reino de Ketu era um dos seis reinos que constituíam a confederação chamada pelos Hauçás de Bansa bokoï, em contraposição aos seus Hausa bokoï. A tradição relata que esses reinos foram fundados por seis irmãos, numa lenda análoga à da criação dos Estados hauçás.*

### Nação Angola

Baseado na herança das religiões bantas, o chamado rito angola engloba essencialmente o cerimonial congo e cabinda. Além dos

Inquices, costumam ser cultuados também Orixás, Voduns, Vunjes (espíritos infantis) e Caboclos. Tocam-se atabaques com as mãos, sendo os ritmos predominantes cabula, congo e barravento ou muzenza. As cantigas possuem termos ou trechos em português.

O Candomblé Angola disseminou-se em quase todo o Brasil, em virtude da afluência e da inserção dos bantos no país. Bastante receptivo a influências do Catolicismo e das religiões ameríndias, no final do século passado, em alguns estados, passou a receber nomes característicos, tais como Cabula (Espírito Santo), Macumba (Rio de Janeiro) e Candomblé de Caboclo (Bahia). Também a influência jeje-nagô fez-se presente nesses cultos.

**Nação Jeje**

A Nação Jeje caracteriza-se pelo culto aos Voduns do Reino do antigo Daomé (mitologia fon) trazidos para o Brasil pelos escravos de várias regiões da África Ocidental e África Central. Os diversos grupos étnicos daomeano (como fon, ewe, fanti, ashanti, mina), em solo brasileiro, eram chamados "djedje", do iorubá "ajeji", significando "estrangeiro", "estranho".

Os primeiros templos da Nação Jeje foram organizados na Bahia e no Maranhão, estendendo-se, posteriormente para outros estados brasileiros.

Conforme a origem, a Nação Jeje divide-se em diversos segmentos: Jeje-Mahi, Jeje Daomé, Jeje Savalu, Jeje Modubi, Jeje Mina (Tambor--de-mina), Jeje-Fanti-Axanti.

No Jeje Mahi, por exemplo, são cultuados Voduns relacionados aos Orixás, com origem de culto na África, e da região Mahi. Por outro lado, Eguns e Voduns com vida terrena, como os reis do Daomé, não são cultuados. Cultuam-se os antepassados por meio do Vodum Ayizan, na região do Mahi, mulher de Legba e ligada a terra, à morte e aos ancestrais. Os Voduns Jeje-Mahi são, portanto, antepassados míticos. Representa essa Nação o Vodum Gbesen (Bessém).

No Brasil, a africana Ludovina Pessoa, de Mahi, segundo a tradição, foi escolhida pelos Voduns para fundar três terreiros: o Zòogodo Bogum Malé Hundò (Terreiro do Bogum), para Heviossô; o Zòogodo Bogum Malé Seja Undè (Kwe Seja Undê), para Dã; o terceiro, não se sabe onde, para Ajunsun Sakpata.

No Jeje Modubi cultuam-se os Akututos (Eguns), reinando aí o Vodum Azonsu.

Outras nações menos conhecidas no Brasil, contudo tão importantes quanto as demais: Efon (Efã), Iijexá, Congo, Muxicongo, Nagô. Com elas se interpentram as anteriores (além de interpenetrarem entre as três), numa riqueza teológica, litúrgica e cultural.

**Nanã** Associada às águas paradas e à lama dos pântanos, Nanã é a decana dos Orixás. De origem daomeana, incorporada ao panteão iorubá, foi a primeira esposa de Oxalá, tendo com ele três filhos: Iroko (ou Tempo), Obaluaê (ou Omulu) e Oxumaré.

Senhora da vida (lama primordial) e da morte (dissolução do corpo físico na terra), seu símbolo é o ibiri, feixe de ramos de folha de palmeiras, com a ponta curvada, e enfeitado com búzios. Segundo a mitologia dos Orixás, trata-se do único Orixá a não ter reconhecido a soberania de Ogum por ser o senhor dos metais: por isso, nos Cultos de Nação, o corte (sacrifício de animais) feito à Nanã nunca é feito com faca de metal. Presente na chuva e na garoa: banhar-se com as águas da chuva é banhar-se no e com o elemento de Nanã.

No tocante à reencarnação, envolve o espírito numa irradiação única, diluindo os acúmulos energéticos e adormecendo sua memória, de modo a ingressar na nova vida sem se lembrar das anteriores. Representa, ainda, a menopausa, enquanto Oxum estimula a sexualidade feminina e Iemanjá, a maternidade.

Nanã rege a maturidade, bem como atua no racional dos seres.

**Características**

**Animais:** cabra, galinha e pata brancas.

**Bebida:** champanha.

**Chacras:** frontal e cervical.

**Cores:** roxo ou lilás (branco e azul).

**Comemoração:** 26 de julho (dia de Sant´Ana).

**Comidas:** aberum, feijão-preto com purê de batata doce, mungunzá.

**Contas:** contas, firmas e miçangas de cristal lilás.

**Corpo humano e saúde:** dor de cabeça e problemas intestinais.

**Dias da semana:** sábado, segunda-feira.

**Elemento:** água.

**Elementos incompatíveis:** lâminas, multidões.

**Ervas:** manjericão roxo, ipê roxo, colônia, folha-da-quaresma, erva-de-passarinho, dama-da-noite, canela-de-velho, salsa-da-praia, manacá.

**Essências:** dália, limão, lírio, narciso, orquídea.

**Flores:** roxas.

**Metais:** latão, níquel.

**Pedras:** ametista, cacoxenita, tanzanita.

**Planetas:** Lua e Mercúrio.

**Pontos da natureza/de firmeza:** águas profundas, cemitérios, lama, lagos, pântanos.

**Saudação:** Saluba, Nanã!

**Símbolos:** chuva, ibiri.

**Sincretismo:** Sant´Ana.

# O

**Obá** Orixá do rio Níger, irmã de Iansã, é a terceira e mais velha das esposas de Xangô. Alguns a cultuam como um aspecto feminino de Xangô. É ainda prima de Euá, a quem se assemelha em muitos aspectos. Nas festas da fogueira de Xangô, leva as brasas para seu reino (símbolo do devotamento e da lealdade ao marido).

Guerreira e pouco feminina, quando repudiada pelo marido, rondava o palácio com a intenção de a ele retornar.

**Características**

**Animal:** galinha-de-angola.

**Bebida:** champanha.

**Cores:** vermelha (marrom rajado).

**Comemoração:** 30 de maio.

**Comidas:** abará, acarajé e quiabo picado.

**Corpo humano e saúde:** audição, garganta, orelhas.

**Dia da semana:** quarta-feira.

**Elemento:** fogo.

**Elementos incompatíveis:** peixe de água doce, sopa.

**Ervas:** candeia, nega-mina, folha-de-amendoeira, ipomeia, mangueira, manjericão, rosa branca.

**Metal:** cobre.

**Pedras:** coral, esmeralda, marfim, olho-de-leopardo.

**Pontos da natureza:** rios de águas revoltas.

**Saudação:** Obá xirê!

**Símbolos:** espada (ofangi) e escudo de cobre.

**Sincretismo:** Santa Joana d´Arc.

**Obá xirê!** Saudação a Obá. Significa "Salve a Rainha Guerreira!".

## Dicionário de Umbanda · 153

**Obaluaê** Obaluaê, com as variações de Obaluaiê e Abaluaiê, tem culto originário no Daomé. Filho de Nanã, irmão de Iroko e Oxumaré, tem o corpo e o rosto cobertos por palha-da-costa, a fim de esconder as marcas da varíola, ou sendo outras lendas, por ter o brilho do próprio Sol, e não poder ser olhado de frente. Foi criado por Iemanjá, pois Nanã o rejeitara por ser feio, manco e com o corpo coberto de feridas.

Orixá responsável pelas passagens de plano para plano, de dimensão para dimensão, da carne para o espírito, do espírito para a carne. Orixá responsável pela saúde e pelas doenças, ele possui estreita ligação com a morte. Enquanto sua mãe se responsabiliza pela decantação dos espíritos que reencarnarão, Obaluaê estabelece o cordão energético que une espírito e feto, que será recebido no útero materno assim que tiver o desenvolvimento celular básico, vale dizer, o dos órgãos físicos. Em linhas gerais, Obaluaê é a forma mais velha do Orixá, enquanto Omulu é sua versão mais jovem, embora para a maioria as figuras e os arquétipos sejam idênticos.

Conhecido como médico dos pobres, com seu xaxará (feixe de piaçavas ou maço de palha-da-costa, enfeitado com búzios e miçangas), afasta as enfermidades, trazendo a cura. Também é o guardião das almas que ainda não se libertaram do corpo físico e senhor da calunga (cemitério). Os falangeiros do Orixá são os responsáveis por desligar o chamado cordão de prata (fios de agregação astral-físicos), responsável pela ligação entre o perispírito e o corpo carnal. Atuam em locais de manifestação do pré e do pós-morte, tais como hospitais, necrotérios e outros, com vistas a não permitir que espíritos vampirizadores se alimentem do duplo etérico dos desencarnados ou dos que estão próximos do desencarne. Além disso, auxiliam os profissionais da área da saúde, de terapias holísticas e afins, bem como aliviam as dores dos que padecem.

**Características**

**Animais:** cachorro, caranguejo, galinha-de-angola, peixes de couro.

**Bebidas:** água mineral, vinho tinto.

**Chacra:** básico.

**Cores:** preto e branco.

**Comemoração:** 16 de agosto (São Roque), 17 de dezembro (São Lázaro).

**Comidas:** feijão-preto, carne de porco, deburu, abado, latipá, iberém.

**Contas:** contas e miçangas brancas e pretas leitosas.

**Corpo humano e saúde:** todas as partes do corpo.

**Dia da semana:** segunda-feira.

**Elemento:** terra.

**Elementos incompatíveis:** claridade, sapo.

**Ervas:** canela-de-velho, erva-de-bicho, erva-de-passarinho, barba--de-milho, barba-de-velho, cinco-chagas, fortuna, hera.

**Essências:** cravo, menta.

**Flores:** monsenhor branco.

**Metal:** chumbo.

**Pedras:** obsidiana, olho-de-gato, ônix.

**Planeta:** Saturno.

**Pontos da natureza/de força:** cemitérios, grutas, praia.

**Saudação:** Atotô!

**Símbolos:** cruz, cruzeiro.

**Sincretismo:** São Roque, São Lázaro.

**Obaluaiê**  Ver **Obaluaê**.

**Obatalá**  Ver **Oxalá**.

**Obi**  Coleeira ou noz de cola, utilizada em alguns rituais por influência dos Cultos de Nação.

**Obori** Ver **Bori**.

**Obrigação** Cada vez mais se consideram as obrigações não apenas como um compromisso, mas, literalmente como uma maneira de dizer obrigado(a).

Em linhas gerais, as obrigações se constituem em oferendas feitas para, dentre outros, agradecer, fazer pedidos, reconciliar-se, isto é, reequilibrar a própria energia com as energias dos Orixás. Os elementos oferendados, em sintonia com as energias de cada Orixá, serão utilizados pelos mesmos como combustíveis ou repositores energéticos para ações magísticas, da mesma forma que o álcool, o alimento e o fumo utilizados quando o médium está incorporado. Daí a importância de cada elemento ser escolhido com amor, qualidade, devoção e pensamento adequado.

Existem obrigações menores e maiores, variando de terreiro para terreiro, periódicas ou solicitadas de acordo com as circunstâncias, conforme o tempo de desenvolvimento mediúnico e a responsabilidade de cada um com seus Orixás, com sua coroa, como no caso da saída, quando o médium deixa o recolhimento e, após período de preparação, apresenta solenemente seu Orixá, ou é, por exemplo, apresentado como sacerdote ou ogã e outros.

Embora cada casa siga um núcleo comum de obrigações fixadas e de elementos para cada uma delas, dependendo de seu destinatário, há uma variação grande de cores, objetos, características. Portanto, para se evitar o uso de elementos incompatíveis para os Orixás, há que se dialogar com a Espiritualidade e com os dirigentes espirituais, a fim de que tudo seja corretamente empregado ou, conforme as circunstâncias, algo seja substituído.

**Obsedar** Causar obsessão.
Ver **Desobsessão**.

**Odociaba!** Saudação a Iemanjá. Significa "Mãe das Águas!".

**Odofiaba!** Ver **Odociaba!**

**Odoiá!** Ver **Odoyá!**

**Odoyá!** Saudação a Iemanjá. Significa "Mãe das Águas!".

**Ofá** Arco e flecha. Símbolo de Oxóssi, Logun-Edé e, em alguns segmentos, também de Euá.

**Oferenda** Ver **Ebó**.

**Ogã** O ogã na Umbanda relaciona-se à curimba, dedicando-se ao toque e ao canto. Muitas das atribuições dos ogãs nos cultos de Nação são atribuídas na Umbanda aos cambones.

Muitos ogãs, desde crianças, demonstram incrível habilidade para o toque, aperfeiçoando o dom no dia a dia do terreiro. Contudo, existem também cursos especializados para todos aqueles, homens e mulheres, que desejem aprender a tocar e cantar pontos de Umbanda, podendo ou não atuar num terreiro.

O ogã é um médium de sustentação, de firmeza durante os rituais, atento ao andamento da gira, a fim de, por meio do toque e do canto, manter a vibração necessária e desejada. Em algumas casas, o ogã também é médium de incorporação, dedicando-se a ambas as atividades, em especial nas casas em que existam poucos médiuns, ou à curimba, incorporando apenas em determinadas ocasiões.

Há casas de Umbanda em que há, conforme os dons mediúnicos e suas responsabilidades, os chamados ogãs de frente (com responsabilidades de segurança de gira, dentre outras funções), ogã de corte (não necessariamente para sacrifício ritual, mas sim para preparo de comidas de Santo) e outros.

# Dicionário de Umbanda

**Ogum** Filho de Iemanjá, irmão de Exu e Oxóssi, deu a este último suas armas de caçador. Orixá do sangue que sustenta o corpo, da espada, da forja e do ferro, é padroeiro daqueles que manejam ferramentas, tais como barbeiros, ferreiros, maquinistas de trem, mecânicos, motoristas de caminhão, soldados e outros.

Patrono dos conhecimentos práticos e da tecnologia, simboliza a ação criadora do homem sobre a natureza, a inovação, a abertura de caminhos em geral. Foi casado com Iansã e posteriormente com Oxum, entretanto vive só, pelas estradas, lutando e abrindo caminhos.

Senhor dos caminhos (isto é, das ligações entre lugares, enquanto Exu é o dono das encruzilhadas, do tráfego em si) e das estradas de ferro, protege, ainda, as portas de casas e templos. Sendo senhor da faca, no Candomblé, suas oferendas rituais vêm logo após as de Exu. Vale lembrar que, tradicionalmente, o Ogã de faca, responsável pelo corte (sacrifício animal), chamado Axogum, deve ser filho de Ogum.

Responsável pela aplicação da Lei, é vigilante, marcial, atento. Na Umbanda, Ogum é o responsável maior pela vitória contra demandas (energias deletérias) enviadas contra alguém, uma casa religiosa etc. Sincretizado com São Jorge, assume a forma mais popular de devoção, por meio de orações, preces, festas e músicas diversas a ele dedicadas.

**Características**
**Animais:** cachorro, galo vermelho.
**Bebida:** cerveja branca.
**Chacra:** umbilical.
**Cor:** vermelha (azul rei, verde).
**Comemoração:** 23 de abril.
**Comidas:** cará, feijão-mulatinho com camarão e dendê, manga espada.
**Contas:** contas e firmas vermelhas leitosas.

Ogu – Ogu

**Corpo humano e saúde:** sistema nervoso, mãos, pulso, sangue.

**Dia da semana:** terça-feira.

**Elemento:** fogo.

**Elemento incompatível:** quiabo.

**Ervas:** peregum verde, são-gonçalinho, quitoco, mariô, lança--de-ogum, coroa-de-ogum, espada-de-ogum, canela-de-macaco, erva-grossa, parietária, nutamba, alfavaquinha, bredo, cipó-chumbo.

**Essências:** violeta.

**Flores:** cravos, crista de galo, palmas vermelhas.

**Metais:** ferro, aço e manganês.

**Pedras:** granada, rubi, sardio, lápis-lazúli, topázio azul.

**Planeta:** Marte.

**Pontos da natureza/de força:** estradas e caminhos, estradas de ferro, meio da encruzilhada.

**Saudação:** Ogum iê!

**Símbolos:** espada, ferramentas, ferradura, escudo, lança.

**Sincretismo:** São Jorge, Santo Antônio.

**Ogum iê!** Saudação a Ogum. Significa "Salve Ogum!".

**Ogunhê!** Ver **Ogum iê!**.

**Oiá** Ver **Iansã**.

**Okê Arô!** Saudação a Oxóssi. Significa "Salve o rei, que fala mais alto!".

**Okê Arô, Oxóssi!** Ver **Okê Arô!**.

**Okê Bamboclim!** Saudação aos Caboclos. **Ver Okê, Caboclo!**.

**Okê, Cabocla!** Saudação às Caboclas. Significa "Salve, Cabocla!".

**Okê, Caboclo!** Saudação aos Caboclos. Significa "Salve, Caboclo!".

## Dicionário de Umbanda

**Olocum** Cultuado em África e em Cuba, praticamente esquecido em terras brasileiras, Orixá iorubano do oceano, ora apresentado como masculino, ora como feminino, portanto, ora como pai, ora como mãe de Iemanjá.

**Olorum** Seu nome significa "Senhor do Orum" ("Orum", em tradução livre, é "plano espiritual"). Uma das divindades iorubanas da criação, é a manifestação sensível e concreta de Olofim (personificação do divino e causa e razão de todas as coisas) e Olodumaré (representação material e espiritual do Universo).

Nos cultos de origem banta e na Umbanda, corresponde a Zâmbi. (Do multilinguístico banto "Nzambi", isto é, "Ser Supemo".)

Associado e sincretizado com Javé (Deus hebraico-cristão).

**Olho grande** Ver **Quebrante**.

**Omolocum** Feito com feijão-fradinho e ovos cozidos, o omolocum é prato votivo de Oxum.

**Oni Ibejada!** Saudação à Linha de Yori. Significa "Salve as crianças!" e, segundo alguns, "Ele é dois!".

**Opaxorô** Cajado metálico de Oxalufá, com discos prateados paralelos em cujas bordas são colocados pequenos objetos simbólicos.

**Optcha!/Optchá!** Saudação ao Povo Cigano. Significa "Salve!".

**Orações de São Jorge** Orações populares. Quando se fala em "Oração de São Jorge", pensa-se logo na primeira parte da primeira oração transcrita a seguir, de devoção católica, umbandista e outros.

### Oração de São Jorge

*Eu andarei vestido e armado, com as armas de São Jorge, para que meus inimigos tendo pés não me alcancem, tendo mãos não me peguem, tendo olhos não me enxerguem, nem pensamentos eles possam ter para me fazerem mal. Armas de fogo o meu corpo não alcançarão, facas e lanças se quebrem sem ao meu corpo chegar, cordas e correntes se quebrem sem ao meu corpo, amarrar.*

*São Jorge, cavaleiro corajoso, intrépido e vencedor; abre os meus caminhos. Ajuda-me a conseguir um bom emprego; faze com que eu seja bem quisto por todos: superiores, colegas e subordinados. Que a paz, o amor e a harmonia estejam sempre presentes no meu coração, no meu lar e no meu serviço; vela por mim e pelos meus, protegendo-nos sempre, abrindo e iluminando os nossos caminhos, ajudando-nos também a transmitirmos paz, amor e harmonia a todos que nos cercam. Amém.*

(Rezar 1 Pai Nosso, 1 Ave Maria e 1 Glória ao Pai.)

### Oração da Espada-de-São Jorge

*Oh! Glorioso Guerreiro São Jorge, eu te suplico confiante que serei atendido, neste momento difícil da minha vida, em nome de Nosso Senhor Jesus Cristo, com Vossa Espada de Luta, venha cortar todo mal e principalmente (fazer o pedido).*

*Com a força do teu poder de defesa, eu me coloco na proteção do teu escudo, para combater o bom combate contra todo mal ou influência negativa que estiver em meu caminho. Amém.*

*São Jorge Cavaleiro, guia-me. São Jorge Guerreiro, defende-me. São Jorge Mártir, protege-me.*

*Todo devoto de São Jorge deve usar a espada sempre que rezar esta oração.*

### Oração para alcançar um emprego

*Ó São Jorge, Cavaleiro corajoso, intrépido e vencedor; abre os meus caminhos, ajuda-me a conseguir um bom emprego, faze com que eu seja bem visto por todos; superiores, colegas e subordinados, que a paz, o amor e a harmonia estejam sempre presentes no meu coração, no meu* lar e no serviço, vela por mim e pelos meus, protegendo-nos sempre, abrindo e iluminando os nossos caminhos, ajudando-nos também a transmitirmos paz, amor e Harmonia a todos que nos cercam. Amém.

### Oração da vela de São Jorge

*Glorioso São Jorge, pelos vossos merecimentos, pelas vossas virtudes, pela grandiosa Fé em nosso Senhor Jesus Cristo, por Deus, fostes constituído, em protetor de todos que a Ti recorrem, necessitando de vossa proteção, vinde em meu auxilio e levai à presença de Deus o apelo que agora vos faço. (Fazei aqui o pedido) São Jorge, ofereço esta vela e vos peço, Protegei-me, Guardai-me e Guiai-me por todos os Meus caminhos, com felicidade, Paz e Salvamento, para que eu consiga rapidamente através de vossa proteção a graça que estou suplicando. Amém.*

### Oração a São Jorge

*Ó Deus onipotente, Que nos protegeis pelos méritos e as bênçãos de São Jorge, fazei que este grande mártir, com sua couraça, sua espada, e seu escudo, que representam a fé, a esperança, e a inteligência, Ilumine os nossos caminhos, fortaleça o nosso ânimo nas lutas da vida, dê firmeza à nossa vontade, contra as tramas do maligno, Para que, vencendo na terra, como São Jorge venceu, possamos triunfar no céu Convosco, e participar Das eternas alegrias. Amém.*

### Oração poderosa da chave de São Jorge

*Com esta chave abençoada eu peço a Deus pela intercessão de São Jorge, que me conceda a graça de abrir: meu coração para o bem; meus caminhos para os bons negócios; as portas da prosperidade, da caridade e da paz para eu viver sempre feliz.*

*Com esta chave, em nome de Deus, eu fecho: o meu corpo contra as maldades deste mundo; contra as perseguições e espíritos malignos. Que meu anjo da guarda sempre me ilumine e me guarde. Com o poder da fé, misericórdia de Deus e a ajuda de São Jorge. Amém.*

**Orações do Manto de São Jorge**

*São Jorge, guerreiro vencedor do dragão, rogai por nós.*

*São Jorge, militar valoroso, que com a vossa lança abatestes e vencestes o dragão feroz, vinde em meu auxílio, nas tentações do demônio, nos perigos, nas dificuldades, nas aflições. Cobri-me com o vosso manto, ocultando-me dos meus inimigos, dos meus perseguidores. Protegido por vosso Manto, andarei por todos os caminhos, viajarei por todos os mares, de noite e de dia, e os meus inimigos não me verão, não me ouviram, não me acompanharão. Sob a vossa proteção, não cairei, não derramarei o meu sangue, não me perderei. Assim como o Salvador esteve nove meses no seio de Nossa Senhora, assim eu estarei bem guardado e protegido, sob o vosso manto, tendo sempre São Jorge a minha frente armado de sua lança e do seu escudo. Amém.*

**Ora ye ye o!** Saudação a Oxum. Significa "Salve, Mãe das Águas!".

**Ori** Cabeça, elemento muito importante no culto aos Orixás ("Senhores da Cabeça"), que pede cuidados e responsabilidades em todas as religiões de matriz africana, o que não seria diferente na Umbanda.

A cabeça humana, na tradição iorubá, receptáculo do conhecimento e do espírito, é tão importante que, naquela cultura e também segundo os Cultos de Nação, cada Orixá tem seu Ori, sendo alimentado, como no caso do Bori, a fim de manter-se equilibrado.

Trata-se, ainda, da consciência presente em toda a natureza e seus elementos, guiada pelo Orixá (força específica). Sede do chacra coronário.

**Ori** Banha/sebo de carneiro ou manteiga de carité (por vezes esta substitui aquele).

**Orientalismo** Uma das matrizes da Umbanda, com diversas características, dentre elas: estudo, compreensão e aplicação de conceitos como prana, chacra e outros; culto à Linha Cigana (que em muitas casas vem, ainda, em linha independente, dissociada da chamada Linha do Oriente).

**Origem** Identidade de Orixá, Guia ou Guardião.

**Orinxalá** Ver **Oxalá**.

**Orixá** Etimologicamente e em tradução livre, Orixá significa "a divindade que habita a cabeça" (Em iorubá, "ori" é cabeça, enquanto "xá", rei, divindade.), e é associado comumente ao diversificado panteão africano, trazido à América pelos negros escravos. A Umbanda Esotérica, por sua vez, reconhece no vocábulo Orixá a corruptela de "Purushá", significando "Luz do Senhor" ou "Mensageiro do Senhor".

Cada Orixá relaciona-se a pontos específicos da natureza, os quais são também pontos de força de sua atuação. O mesmo vale para os chamados quatro elementos: fogo, terra, ar e água.

Portanto, os Orixás são agentes divinos, verdadeiros ministros da Divindade Suprema (Deus, Princípio Primeiro, Causa Primeira etc.), presentes nas mais diversas culturas e tradições espirituais/religiosas, com nomes e cultos diversos, como os Devas indianos.

Visto que o ser humano e seu corpo estão em estreita relação com o ambiente (O corpo humano em funcionamento contém em si água, ar, componentes associados a terra, além de calor, relacionado ao fogo.), seu Orixá pessoal tratará de cuidar para que essa relação seja a mais equilibrada possível.

Tal Orixá, Pai ou Mãe de Cabeça, é conhecido comumente como Eledá e será responsável pelas características físicas, emocionais, espirituais etc. de seu filho, de modo a espelhar nele os arquétipos de suas características, encontrados nos mais diversos mitos e lendas dos Orixás. Auxiliarão o Eledá nessa tarefa outros Orixás, conhecidos como Juntós, ou Adjuntós, conforme a ordem de influência, e ainda outros.

Na chamada "coroa de um médium de Umbanda" ainda aparecem os Guias e as Entidades, em trama e enredo bastante diversificados. Embora, por exemplo, geralmente se apresente para cada médium um Preto-Velho, há outros que o auxiliam, e esse mesmo Preto-Velho poderá, por razões diversas, dentre elas missão cumprida, deixar seu médium e partir para outras missões, inclusive em outros planos.

De modo geral, a Umbanda não considera os Orixás que descem ao terreiro como energias e/ou forças supremas desprovidas de inteligência e individualidade.

Para os africanos, e tal conceito reverbera fortemente no Candomblé, Orixás são ancestrais divinizados, que incorporam conforme a ancestralidade, as afinidades e a coroa de cada médium.

No Brasil, teriam sido confundidos com os chamados Imolês, isto é, Divindades Criadoras, acima das quais aparece um único Deus: Olorum ou Zâmbi.

Na linguagem e concepção umbandistas, portanto, quem incorpora numa gira de Umbanda não são os Orixás propriamente ditos, mas seus falangeiros, em nome dos próprios Orixás. Tal concepção está de acordo com o conceito de ancestral (espírito) divinizado (e/ou evoluído) vivenciado pelos africanos que para cá foram trazidos como escravos.

Mesmo que essa visão não seja consensual (Há quem defenda que tais Orixás já encarnaram, enquanto outros segmentos umbandistas – a maioria, diga-se de passagem – rejeitam esse conceito.), ao menos se admite no meio umbandista que o Orixá que incorpora possui um grau adequado de adaptação à energia dos encarnados, o que seria incompatível para os Orixás hierarquicamente superiores.

Na pesquisa feita por Miriam de Oxalá a respeito da ancestralidade e da divinização de ancestrais, aparece, dentre outras fontes, a célebre pesquisadora Olga Guidolle Cacciatore, para quem,

[...] *os Orixás são intermediários entre Olórun, ou melhor, entre seu representante (e filho) Oxalá e os homens. Muitos deles são antigos reis, rainhas ou heróis divinizados, os quais representam as vibrações das forças elementares da Natureza – raios, trovões, ventos, tempestades, água, fenômenos naturais como o arco-íris, atividades econômicas primordiais do homem primitivo – caça, agricultura – ou minerais, como o ferro que tanto serviu a essas atividades de sobrevivência, assim como às de extermínio na guerra.* [...]

Entretanto, e como o tema está sempre aberto ao diálogo, à pesquisa, ao registro de impressões, conforme observa o médium umbandista e escritor Norberto Peixoto, é possível incorporar a forma-pensamento de um Orixá, a qual é plasmada e mantida pelas mentes dos encarnados. Em suas palavras,

[...] *era dia de sessão de preto(a) velho(a). Estávamos na abertura dos trabalhos, na hora da defumação. O congá 'repentinamente' ficou vibrado com o orixá Nanã, que é considerado a mãe maior dos orixás e o seu axé (força) é um dos sustentadores da egrégora da Casa desde a sua fundação, formando par com Oxóssi. Faltavam poucos dias para o amaci (ritual de lavagem da cabeça com ervas maceradas), que tem por finalidade fortalecer a ligação dos médiuns com os orixás regentes e guias espirituais. Pedi um ponto cantado de Nanã Buruquê, antes dos cânticos habituais. Fiquei envolvido com uma energia lenta, mas firme. Fui transportado mentalmente para a beira de um lago lindíssimo e o orixá Nanã me 'ocupou', como se entrasse em meu corpo astral ou se interpenetrasse com ele, havendo uma incorporação total. (...) Vou explicar com sinceridade e sem nenhuma comparação, como tanto vemos por aí, como se a manifestação de um ou outro (dos espíritos na umbanda versus dos orixás em outros cultos) fosse mais ou menos superior, conforme o pertencimento de quem os compara a uma ou outra religião. A 'entidade' parecia um 'robô', um autômato sem pensamento contínuo, levado pelo som e pelos gestos. Sem dúvida, houve uma intensa movimentação de energia benfeitora, mas durante a manifestação do orixá minha cabeça ficou mentalmente vazia, como se nenhuma outra mente ocupasse o corpo energético do orixá que dançava, o que acabei sabendo depois tratar-se de uma forma-pensamento plasmada e mantida 'viva' pelas mentes dos encarnados.*

No cotidiano dos terreiros, por vezes o vocábulo Orixá é utilizado também para Guias. Nessas casas, por exemplo, é comum ouvir alguém dizer antes de uma gira de Pretos-Velhos: "Precisamos preparar mais banquinhos, pois hoje temos muitos médiuns e, portanto, aumentará o número de Orixás em terra."

São diversas as classificações referentes aos Orixás na Umbanda. A título de exemplo, observe-se a tabela:

| | |
|---|---|
| 1. Orixás Virginais | Responsáveis pelo reino virginal. |
| 2. Orixás Causais | Aferem carma causal. |
| 3. Orixás Refletores | Responsáveis pela coordenação da energia (massa). |
| 4. Orixás Originais | Recebem dos três graus anteriores as vibrações universais. |
| 5. Orixás Supervisores | Supervisionam as leis universais. |
| 6. Orixás Intermediários | Senhores dos tribunais solares do Universo Astral. |
| 7. Orixás Ancestrais | Senhores da hierarquia planetária. |

Há também diversas classificações sobre os graus de funções dos Orixás, como a que segue:

| Categoria | Grau | Denominação |
|---|---|---|
| Orixá Maior | – | – |
| Orixá Menor | 1º | Chefe de Legião |
| Orixá Menor | 2º | Chefe de Falange |
| Orixá Menor | 3º | Chefe de Subfalange |
| Guia | 4º | Chefe de Grupamento |
| Protetor | 5º | Chefe Integrante de Grupamento |
| Protetor | 6º | Subchefe de Grupamento |
| Protetor | 7º | Integrante de Grupamento |

**Orixá de frente** Pai ou Mãe de Cabeça.

**Orixá de Ori** Ver **Orixá de frente**.

**Orixás cultuados na Umbanda** Os Orixás conhecidos na Umbanda são os Ancestrais, subordinados a Jesus Cristo, governador do Planeta Terra. Os mais comuns na Umbanda são Oxalá, Ibejis, Obaluaê, Ogum, Oxóssi, Xangô, Iansã, Iemanjá, Nanã, Oxum (desses, apenas Ibejis não assumem a chamada Tríade do Coronário dos médiuns, isto é, Eledá e Adjuntós).

Outros Orixás cultuados na Umbanda, ao menos em algumas casas: Exu, Obá, Euá, Logun-Edé, Iroko, Ossaim, Oxumaré, Tempo, Orumilá/Ifá (o primeiro é representante do segundo na Terra).

**Orixás pessoais** A banda visível e/ou invisível de um médium. Orixás (bem como Guias e Guardiões, na terminologia cotidiana dos terreiros) individualizados, que trabalharão com determinado médium, em fundamento e/ou manifestação explícita, em especial na incorporação, por meio da intuição e outros tantos meios.

**168** **Dicionário de Umbanda**

**Orobô** Tipo de noz utilizada em alguns rituais por influência dos Cultos de Nação.

**Orumilá** Tanto Orumilá quanto Exu têm permissão para estarem próximos a Olorum quando necessário, daí sua importância. Senhor dos destinos, Orumilá rege o plano onírico, é aquele que sabe tudo o que se passa sob a regência de Olorum, no presente, no passado e no futuro. Tendo acompanhado Oduduã na fundação de Ilê Ifé, é conhecido como "Eleri Ipin" ("testemunho de Deus"; aliás, sua saudação), "Ibikeji Olodumaré" ("vice de Deus"), "Gbaiyegborun" ("o que está na terra e no céu"), "Opitan Ifé" ("o historiador de Ifé").

Por ordens de Olorum, além de ter participado da criação da terra e do homem, Orumilá auxilia cada um a viver seu cotidiano e a vivenciar seu próprio caminho, isto é, o destino para seu Ori (Cabeça).

Seus porta-vozes são os chamados babalaôs (pais do segredo), iniciados especificamente no culto a Ifá. No caso dos búzios, entretanto, os babalaôs são cada vez mais raros, sendo os mesmos lidos e interpretados por babalorixás, ialorixás e outros devidamente preparados (A preparação e as formas de leitura podem variar bastante do Candomblé para a Umbanda e de acordo com a orientação espiritual de cada casa e cada ledor/ledora.).

Cada ser humano é ligado diretamente a um Odu, que lhe indica seu Orixá individual, bem como sua identidade mais profunda.

**Ossãe** Ver **Ossaim**.

**Ossaim** Orixá das plantas e das folhas, presentes nas mais diversas manifestações do culto aos Orixás, é, portanto, fundamental. Um célebre provérbio dos terreiros afirma "Ko si ewé, ko si Orisà", o que, em tradução livre do iorubá significa "Sem folhas não há Orixá.". Em algumas casas é cultuado como iabá (Orixá feminino). Alguns segmentos umbandistas trabalham com Ossaim, enquanto elemento masculino, e Ossanha, como elemento feminino.

Juntamente com Oxóssi, rege as florestas e é senhor dos segredos medicinais e magísticos do verde. Representa a sabedoria milenar pré-civilizatória, a relação simbiótica do homem com a natureza, em especial com o verde.

Seja na Umbanda, onde na maioria das casas seu culto foi amalgamado ao de Oxóssi e dos Caboclos e Caboclas, no Canbomblé, onde a figura do Babalossaim e do Mão-de-Ofá representaria uma estudo à parte, ou em outra forma de culto aos Orixás, o trato com as plantas e folhas é de extrema importância para a os rituais, a circulação de Axé e a saúde (física, psicológica e espiritual) de todos.

**Características**

**Animais:** pássaros.

**Bebidas:** sucos de frutas.

**Cores:** verde e branco.

**Comemoração:** 5 de outubro.

**Comidas:** abacate, banana frita, bolos de feijão e arroz, canjiquinha, milho cozido com amendoim torrado, inhame, pamonha, farofa de fubá.

**Contas:** contas e miçangas verdes e brancas.

**Corpo humano e saúde:** artrite, problemas ósseos, reumatismo.

**Dia da semana:** quinta-feira.

**Elemento:** terra.

**Elementos incompatíveis:** ventania, jiló.

**Ervas:** manacá, quebra-pedra, mamona, pitanga, jurubeba, coqueiro, café.

**Flores:** flores do campo.

**Metais:** estanho, latão.

**Pedras:** amazonita, esmeralda, morganita, turmalina verde e rosa.

**Pontos da natureza:** clareiras das matas.

**Saudação:** Eue ô!

**Símbolos:** ferro com sete pontas, com um pássaro na ponta central (representação de uma árvore de sete ramos, com um pássaro pousado nela).

**Sincretismo:** São Benedito.

**Ossanha** Ver **Ossaim**.

**Ossanhe** Ver **Ossaim**.

**Oxaguiã** Ver **Oxalá**.

**Oxalá** Orixá maior, responsável pela criação do mundo e do homem. Pai de todos os demais Orixás, Oxalá (Orinxalá ou Obatalá) foi quem deu ao homem o livre-arbítrio para trilhar seu próprio caminho.

Possui duas qualidades básicas: Oxalufã (o Oxalá velho) e Oxaguiã (o Oxalá novo). Enquanto o primeiro é sincretizado com Deus Pai cristão, o segundo encontra correspondência com Jesus Cristo e, de modo especial, com Nosso Senhor do Bonfim. Também há uma correlação entre Oxalá e Jesus menino, daí a importância especial da festa do Natal para algumas casas.

Oxalá representa a sabedoria, a serenidade, a pureza do branco (o funfun) e o respeito.

### Características

**Animais:** caramujo, pombo branco.

**Bebidas:** água e água de coco.

**Chacra:** coronário.

**Cor:** branca.

**Comemoração:** Festa do Senhor do Bonfim.

**Comidas:** canjica, que talvez seja sua comida mais conhecida, e arroz-doce.

**Contas:** brancas leitosas.

**Corpo humano e saúde:** todo o corpo, em especial o aspecto psíquico.

**Dias da semana:** sexta-feira e domingo.

**Elemento:** ar.

**Elementos incompatíveis:** bebida alcoólica, dendê, sal, vermelho.

**Ervas:** a mais conhecida talvez seja o tapete-de-oxalá (boldo).

**Essências:** aloés, laranjeira e lírio.

**Flores:** brancas, especialmente o lírio.

**Metal:** ouro (para alguns, prata).

**Pedras:** brilhante, cristal de rocha, quartzo leitoso.

**Planeta:** Sol.

**Pontos da natureza:** praia deserta ou colina descampada.

**Saudação:** Epa Babá!

**Símbolo:** opaxorô (cajado metálico de Oxalufá, com discos prateados paralelos em cujas bordas são colocados pequenos objetos simbólicos).

**Sincretismo:** Deus Pai, Jesus Cristo (em especial, Senhor do Bonfim).

**Oxalufã** Ver **Oxalá**.

**Oxóssi** Irmão de Exu e Ogum, filho de Oxalá e Iemanjá (ou, em outras lendas, de Apaoka, a jaqueira), rei de Ketu, Orixá da caça e da fartura. Associado ao frio, à noite e à lua, suas plantas são refrescantes. Ligado à floresta, à árvore, aos antepassados, Oxóssi, enquanto caçador, ensina o equilíbrio ecológico, e não o aspecto predatório da relação do homem com a natureza, a concentração, a determinação e a paciência necessárias para a vida ao ar livre.

Rege a lavoura e a agricultura. Na Umbanda, de modo geral, amalgamou-se ao Orixá Ossaim no que toca aos aspectos medicinais, espirituais e ritualísticos das folhas e plantas. Como no Brasil a figura mítica do indígena habitante da floresta é bastante forte, a representação de Oxóssi, por vezes, aproxima-se mais do índio do que do negro africano. Não à toa, Oxóssi rege a Linha dos Caboclos, e o Candomblé, em muitos Ilês, abriu-se para o culto aos Caboclos, de maneira explícita, ou mesmo camuflada, para não desagradar aos mais tradicionalistas.

No âmbito espiritual, Oxóssi caça os espíritos perdidos, buscando trazê-los para a Luz. Sábio mestre e professor, representa a sabedoria e o conhecimento espiritual, com os quais alimenta os filhos, fortificando-os na fé.

### Características

**Animais:** javali, tatu, veado e qualquer tipo de caça.

**Bebida:** água de coco, aluá, caldo de cana, vinho tinto.

**Chacra:** esplênico.

**Cores:** verde (azul celeste claro).

**Comemoração:** 20 de janeiro.

**Comidas:** axoxô, carne de caça, frutas.

**Contas:** verdes leitosas (azul turquesa, azul claro).

**Corpo humano e saúde:** aparelho respiratório.

**Elemento:** terra.

**Elementos incompatíveis:** cabeça de bicho (em cortes ou alimentos), mel, ovo.

**Ervas:** alecrim, guiné, vence-demanda, abre-caminho, peregum verde, taioba, espinheira-santa, jurema, jureminha, mangueira, desata-nó, erva-de-Oxóssi, erva-da-jurema.

**Essência:** alecrim.

**Flores:** flores do campo.

**Metais:** bronze e latão.

**Pedras:** amazonita, esmeralda, calcita verde, quartzo verde, turquesa.

**Planeta:** Vênus.

**Pontos da natureza:** matas.

**Saudação:** Okê Arô!

**Símbolos:** arco e flecha (ofá).

**Sincretismo:** São Sebastião (predomina na Umbanda), São Jorge (predomina no Candomblé).

**Oxum** Orixá do feminino, da feminilidade e da fertilidade. Ligada ao rio de mesmo nome, em especial em Oxogbô, Ijexá (Nigéria). Senhora das águas doces, dos rios, das águas quase paradas das lagoas não pantanosas, das cachoeiras e, em algumas qualidades e situações, também da beira-mar. Perfumes, joias, colares, pulseiras, espelho alimentam sua graça e beleza.

Filha predileta de Oxalá e de Iemanjá, foi esposa de Oxóssi, de Ogum e, posteriormente, de Xangô (segunda esposa). Senhora do ouro (na África, cobre), das riquezas, do amor. Orixá da fertilidade, da maternidade, do ventre feminino, a ela se associam as crianças.

Nas lendas em torno de Oxum, a menstruação, a maternidade, a fertilidade, enfim, tudo o que se relaciona ao universo feminino, é valorizado. Entre os iorubás, tem o título de Ialodê (senhora, "lady"), comandando as mulheres, arbitrando litígios e responsabilizando-se pela ordem na feira.

No jogo dos búzios, é ela quem formula as perguntas, respondidas por Exu. Os filhos de Oxum costumam ter boa comunicação, inclusive no que tange a presságios. Oxum, Orixá do amor, favorece a riqueza espiritual e material, além de estimular sentimentos como amor, fraternidade e união.

**Características**

**Animal:** pomba rola.

**Bebida:** champanha.

**Chacra:** umbilical.

**Cor:** azul (amarelo).

**Comemoração:** 8 de dezembro.

**Comidas:** banana frita, ipeté, omolocum, moqueca de peixe e pirão (com cabeça de peixe), quindim.

**Contas:** cristal azul (amarelo).

**Corpo humano e saúde:** coração e órgãos reprodutores femininos.

**Dia da semana:** sábado.

**Elemento:** água.

**Elementos incompatíveis:** abacaxi, barata.

**Ervas:** colônia, macaçá, oriri, santa-luzia, oripepê, pingo-d'água, agrião, dinheiro-em-penca, manjericão branco, calêndula, narciso, vassourinha (menos para banho), erva-de-santa-luzia (menos para banho), jasmim (menos para banho).

**Essências:** lírio e rosa.

**Flores:** lírio e rosa amarela.

**Metal:** ouro.

**Pedras:** topázio (azul e amarelo).

**Planetas:** Vênus e Lua.

**Pontos da natureza:** cachoeira e rios.

**Saudação:** Ora ye ye o! A ie ie u!

**Símbolos:** cachoeira, coração.

**Sincretismo:** Nossa Senhora Aparecida, Nossa Senhora das Cabeças, Nossa Senhora da Conceição, Nossa Senhora de Fátima, Nossa Senhora de Lourdes, Nossa Senhora de Nazaré.

**Oxumaré** Filho mais novo e preferido de Nanã, Oxumaré participou da criação do mundo, enrolando-se ao redor da terra, reunindo a matéria, enfim, dando forma ao mundo. Desenhou vales e rios, rastejando mundo afora. Responsável pela sustentação do mundo, controla o movimento dos astros e oceanos. Representa o movimento, a fertilidade, o continuum da vida: Oxumaré é a cobra que morde a própria cauda, num ciclo constante.

Oxumaré carrega as águas dos mares para o céu, para a formação das chuvas. É o arco-íris, a grande cobra colorida. Também é associado ao cordão umbilical, pois viabiliza a comunicação entre os homens, o mundo dito sobrenatural e os antepassados. Na comunicação entre céu e terra, entre homem e espiritualidade/ancestralidade, mais uma vez se observa a ideia de ciclo contínuo representada pelo Orixá, a síntese dialética entre opostos complementares.

Nos seis meses em que assume a forma masculina, tem-se a regulagem entre chuvas e estiagem, uma vez que, enquanto o arco-íris brilha, não chove. Por outro lado, o próprio arco-íris indica as chuvas em potencial, prova de que as águas estão sendo levadas para o céu para formarem novas nuvens. Já nos seis meses em que assume a porção feminina, tem-se a cobra a rastejar com agilidade, tanto na terra quanto na água.

Por evocar a renovação constante, pode, por exemplo, diluir a paixão e o ciúme em situações onde o amor (irradiação de Oxum) perdeu terreno. Nesse mesmo sentido, pode também diluir a religiosidade fixada na mente de alguém, conduzindo-o a outro caminho religioso/espiritual que o auxiliará na senda evolutiva.

Em determinados segmentos e casas de Umbanda, Oxumaré aparece como uma qualidade do Orixá Oxum.

**Características**
**Animal:** cobra.
**Bebida:** água mineral.
**Chacra:** laríngeo.
**Cores:** verde e amarelo, cores do arco-íris.
**Comemoração:** 24 de agosto.
**Comidas:** batata doce em formato de cobra, bertalha com ovos.

**Contas:** verde e amarelas.

**Corpo humano e saúde:** pressão baixa, vertigens, problemas de nervos, problemas alérgicos.

**Dia da semana:** terça-feira.

**Elemento:** água.

**Elementos incompatíveis:** água salgada e sal.

**Ervas:** as mesmas de Oxum.

**Flores:** amarelas.

**Metal:** latão (ouro e prata misturados).

**Pedras:** ágata, diamante, esmeralda, topázio.

**Pontos da natureza:** próximo de quedas de cachoeiras.

**Saudação:** Arribobô!

**Símbolos:** arco-íris e cobra.

**Sincretismo:** São Bartolomeu.

**Oxê** O machado duplo de Xangô (às vezes aparecem dois machados, contudo, geralmente bipenes, ou seja, com dois lados) representa a força, o poder do Orixá, bem como o equilíbrio, a justiça, a noção de que todo fato tem ao menos duas leituras opostas complementares. É possível, ainda, na sociedade moderna e contemporânea, associá-lo à balança da Justiça, sendo cada ponta um prato, e o cabo, o fiel.

Representações africanas trazem o oxê sobre uma cabeça (de Xangô ou de seus filhos), evocando a responsabilidade da e pela justiça e rituais em que se carregam recipientes com brasa, em estado de incorporação, em respeito e reverência ao Orixá e como prova de fé no mesmo.

**Oyá** Ver **Iansã**.

# P

**Padê** Oferenda a Exu, variando de água e farofa a carne, pimenta, bebidas e outros elementos, conforme o contexto. O padê, em algumas casas de Umbanda, é oferecido antes da abertura da gira (geralmente água e farofa), quando se firma a tronqueira (velas, cigarros e bebidas), por exemplo, ou pouco depois, não para afastar ("despachar") Exu, como pensa o senso comum, mas para ativar seu trabalho de proteção.

Já no Candomblé, "ipadê" é o ritual que antecede todos os demais, no qual o Orixá Exu é firmado como guardião do Axé, a fim de proteger a casa e as pessoas. Para tanto, são utilizadas comidas típicas de Exu, como o padê (farofa especialmente preparada), vela e água. Após cantos e danças, a quartinha com água, a vela e o padê são levados para fora do barracão. Os demais rituais têm prosseguimento. Em iorubá, "pàdé" significa "reunião". A distinção entre ipadê e padê não é consenso em todas as casas de Candomblé.

**Padrinho** Dirigente Espiritual masculino. O vocábulo também é empregado em sua acepção mais conhecida – no caso de Batismo.

**Pai Nosso** Oração mais conhecida do Cristianismo, ensinada pelo próprio Jesus, segundo os Evangelhos.

*Pai Nosso, que estais no céu, santificado seja o Vosso nome, venha a nós o Vosso reino, seja feita a Vossa vontade assim na terra como no céu. O pão nosso de cada dia nos dai hoje, perdoai-nos as nossas ofensas, assim como nós perdoamos a quem nos tem ofendido, e não nos deixeis cair em tentação, mas livrai-nos do mal. Amém.*

**Pai Pequeno** Na direção espiritual da casa, conta-se com o pai pequeno auxiliar direto do(a) babá e, em sua ausência, substituto. O termo deriva do iorubá "Baba Kékeré".

**Pai de Santo** Sacerdote de Umbanda ou de outra religião de matriz africana. Ver **Mãe de Santo**.

**Pálio** Ver **Bandô**.

**Para-raios** Local (sob o congá) utilizado para descarga de energias negativas que ocorram durante as sessões. O para-raio é composto de diversos elementos protegidos e encimados por uma barra de aço que perpassa uma tábua com ponto riscado de descarga.

Numa casa em que, por exemplo, se usam bastões para limpeza de aura, os mesmos são descarregados no para-raio.

**Patacori!** Saudação a Ogum. Significa "Cabeça coroada!" ou "Aquele que corta cabeças!". A segunda acepção pode parecer violenta, mas na Umbanda, entende-se que Ogum corta o Ori dos pensamentos velhos, para que o Ori renovado cresça e se desenvolva.

**Patuá** Ver **Talismã**.

**Paxorô** Ver **Opaxorô**.

**Pegi** Ver **Peji**.

**Peje** Ver **Peji**.

**Peji** Altar ou pequeno santuário de cada Orixá, geralmente localizado dentro da casa de cada Orixá. O vocábulo também significa a própria casa de cada Orixá, ou simplesmente o altar do tempo.

**Pemba** Espécie de giz com que se desenham os pontos riscados ou são feitos cruzamentos e outros procedimentos. Para diversos fins, é utilizada também a pemba em pó. Do quicongo "mpemba" significa "giz", com correspondente quimbundo "pemba" que quer dizer "cal".

**Perispírito** Elemento de ligação entre o corpo e o espírito. O conceito foi difundido pela Doutrina Espírita e acolhido por diversos segmentos espiritualistas e religiosos.

**Pertences** Objetos dos Orixás, Guias e Guardiões de um médium, como penacho, chapéu etc.

**Pipoca** A pipoca é utilizada, sobretudo, como oferenda a Obaluaê e para os populares banhos de pipoca. Ela deve ser frita com areia fina da praia ou sem nada, jamais com óleo ou com o acréscimo de sal. Por vezes, em oferendas, é acrescentado o dendê.

**Pito** Cachimbo, charuto, cigarro etc.

**Posição de isolamento** Ver **Repouso Vibratório**.

**Pólvora** A principal função da pólvora é desagregar energias deletérias, que se apresentam de diversas formas. Por isso é empregada em descarregos, estouros e outros rituais de limpeza, defesa e proteção.

**Pombogira** O termo Pombogira é uma corruptela de Bombojira, que, em terreiros bantos, significa Exu, vocábulo que, por sua vez, deriva do quicongo "mpambu-a-nzila" (em quimbundo, "pambuanjila"), com o significado de "encruzilhada".

A Pombogira trabalha com o desejo, especialmente sexual, freando os exageros e deturpações sexuais dos seres humanos (encarnados ou desencarnados), direcionando-lhes a energia para aspectos construtivos. Algumas delas, em vida, estiveram ligadas a várias formas de desequilíbrio sexuais: pela Lei de Ação e Reação, praticando a caridade, evoluem e auxiliam outros seres à evolução.

Alegres, divertidas, simpáticas, conhecem a alma humana e suas intenções. Sensuais e equilibradas, descarregam pessoas e ambientes de energias viciadas. Gostam de dançar.

Infelizmente, são bastante confundidas com quiumbas e consideradas responsáveis por amarrações de casais, separações e outros, quando, na verdade, seu trabalho é o de equilibrar as energias do desejo. Exemplo: quando alguém é viciado em sexo (desequilíbrio), podem encaminhar circunstâncias para que a pessoa tenha verdadeira overdose de sexo, de modo a esgotá-la e poder trabalhá-la para o reequilíbrio. Assim como os Exus de caráter masculino, as Pombogiras são agentes cármicos da Lei.

Geralmente o senso comum associa as Pombogiras a prostitutas. Se muitas delas estão resgatando débitos relacionados à sexualidade, isso ocorre, contudo, não apenas por promiscuidade e pelas consequências energéticas e de fatos decorrentes da mesma, mas também pela abstinência sexual ideológica e religiosamente imposta, caso de muitas mulheres que professaram votos celibatários, mas foram grandes agressoras de crianças, pessoas amarguradas praguejando contra mulheres com vida sexual ativa etc.

Suas cores geralmente são o vermelho e o preto. Alguns nomes: Maria Molambo, Sete-Saias, Maria Padilha, Pombogira do Cruzeiro, Pombogira Rosa Caveira etc.

**Poncho** O mesmo que cerveja.

**Ponteiro** Punhal utilizado em diversos rituais de Umbanda.

**Ponto cantado** Um dos responsáveis pela manutenção da vibração das giras e de outros trabalhos. Verdadeiros mantras, os pontos cantados mobilizam forças da natureza, atraem determinadas vibrações, Orixás, Guias e Guardiões.

Com diversidade, o ponto cantado impregna o ambiente de determinadas energias enquanto o libera de outras finalidades, representam imagens e traduzem sentimentos ligados a cada vibração, variando de Orixá para Orixá, Linha para Linha, circunstância para circunstância etc. Aliado ao toque e às palmas, o ponto cantado é um fundamento bastante importante na Umbanda e em seus rituais.

Em linhas gerais, dividem-se em pontos de raiz, trazidos pela Espiritualidade, e terrenos, elaborados por encarnados e apresentados à Espiritualidade, que os ratifica.

Há pontos cantados que migraram para a Música Popular Brasileira (MPB) e canções de MPB que são utilizadas como pontos cantados em muitos templos.

| Finalidade dos pontos cantados | |
|---|---|
| Pontos de abertura e de fechamento de trabalhos | Cantados no início e no final das sessões. |
| Pontos de boas-vindas | Cantados em saudação aos dirigentes de outras casas presentes a uma sessão, convidando-os para, caso desejem, ficarem juntos ao corpo mediúnico. |
| Pontos de chegada e de despedida | Cantados para incorporações e desincorporações. |
| Pontos de consagração do congá | Cantados em homenagem aos Orixás e aos Guias responsáveis pela direção da casa. |
| Pontos de cruzamento de linhas e/ou falanges | Cantados para atrair mais de uma vibração ao mesmo tempo, a fim trabalharem conjuntamente. |
| Pontos de cruzamento de terreiro | Cantados quando o terreiro está sendo cruzado para o início da sessão. |
| Pontos de defumação | Cantados durante a defumação. |
| Pontos contra demandas | Cantados quando, em incorporação, Guias e Guardiões acharem necessário. |
| Pontos de descarrego | Cantados quando são feitos descarregos. |
| Pontos de doutrinação | Cantados para encaminhar um espírito sofredor. |

| Finalidade dos pontos cantados | |
| --- | --- |
| Pontos de firmeza | Cantados para fortalecer trabalho sendo feito. |
| Pontos de fluidificação | Cantados durante os passes ou quando algum elemento está sendo energizado. |
| Pontos de homenagem | Cantados para homenagear Orixás, Guias e Guardiões. |
| Pontos de segurança ou proteção | Cantados antes do trabalho (e antes dos pontos de firmeza) para proteger a corrente contra más influências |
| Pontos de vibração | Cantados para atrair a vibração de determinado Orixá, Guia ou Guardião. |

**Pontos da natureza** Pontos de forças naturais, tais como pedreiras, matas, cachoeiras etc.

Ver **Pontos de força**.

**Pontos de força** Locais que funcionam como verdadeiros portais para a Espiritualidade. Cada centro de força corresponde a determinado Orixá, Guia ou Guardião, por afinidades de elementos. Além dos pontos da natureza, há outros como cemitérios e estradas, por exemplo.

**Ponto riscado** Muito mais do que meio de identificação de Orixás, Guias e Guardiões, os pontos riscados constituem fundamento de Umbanda, sendo instrumentos de trabalhos magísticos, riscados com pemba (giz), bordados em tecidos etc. Funcionam como chaves, meios de comunicação entre os planos, proteção, tendo, ainda, diversas outras funções, tanto no plano dos encarnados quanto no da Espiritualidade.

O ponto riscado de um determinado Caboclo Pena Branca, por exemplo, embora tenha elementos comuns, poderá diferir do ponto de outro Caboclo Pena Branca. Portanto, os pontos riscados que aparecem nos mais diversos materiais de estudos de Umbanda servem de base para a compreensão do tema, mas não devem ser copiados. De qualquer maneira, embora também possam variar, existem elementos comuns para os diversos Orixás e, consequentemente, para as Linhas que regem, conforme a tabela:

| | |
|---|---|
| Iansã | Raio, taça. |
| Ibejis | Brinquedos em geral, bonecos, carrinhos, pirulitos etc. |
| Iemanjá | Âncora, estrelas, ondas etc. |
| Nanã | Chave, ibiri. |
| Obaluaiê | Cruzeiro das almas. |
| Ogum | Bandeira usada pelos cavaleiros, espada, instrumentos de combate, lança. |
| Oxalá | Representações da luz. |
| Oxóssi | Arco e flecha. |
| Oxum | Coração, lua etc. |
| Xangô | Machado. |

O tridente é um elemento comum nos pontos riscados de Exus e Pombogiras.

Quando se trata de Orixás, símbolos não são apenas símbolos. Por exemplo, o símbolo de um Orixá num ponto riscado abre dimensões para o trabalho espiritual. O mesmo se dá com as ferramentas de Orixás: quando Xangô dança num barracão e utiliza seu machado, estão sendo cortadas energias deletérias e disseminados os Axés dos Orixás.

**Pontos vibracionais** Pontos-chave do templo, contribuindo para sua segurança e para sua vibração.

Note-se que nem sempre um ponto chamado de casa é realmente uma construção desse quilate, porém um pequeno ou grande espaço estabelecido conforme a estrutura física do terreiro.

**Porta** Ver **Porteira**.

**Porteira** Tronqueira. Entrada de um terreiro. Também se chama "porteira" ou "porta" o espaço entre a assistência e o espaço dedicado aos médiuns de uma casa.

**Povo** Ver **Linha**.

**Povo d´Água** Ver **Linha d´Água**.

**Povo da Bahia** Ver **Linha da Bahia**.

**Povo da Rua** Ver **Linha da Esquerda**.

**Povo do Cangaço** Ver **Linha do Cangaço**.

**Prece de Cáritas** Prece bastante utilizada nas giras e em outros rituais de Umbanda. Foi psicografada no Natal de 1873, em Bordeuax, França, pela médium Mme. W. Krell, com a qual trabalhava o espírito da suave Cáritas.

*Deus, nosso Pai, que sois todo Poder e Bondade, dai a força àquele que passa pela provação, dai a luz àquele que procura a verdade; ponde no coração do homem a compaixão e a caridade!*

*Deus, dai ao viajor a estrela guia, ao aflito a consolação, ao doente o repouso.*

*Pai, dai ao culpado o arrependimento, ao espírito a verdade, à criança o guia, e ao órfão o pai!*

*Senhor, que a Vossa Bondade se estenda sobre tudo o que criastes. Piedade, Senhor, para aquele que vos não conhece, esperança para aquele que sofre. Que a Vossa Bondade permita aos espíritos consoladores derramarem por toda a parte, a paz, a esperança, a fé.*

*Deus! Um raio, uma faísca do Vosso Amor pode abrasar a Terra; deixai-nos beber nas fontes dessa bondade fecunda e infinita, e todas as lágrimas secarão, todas as dores se acalmarão.*

# Dicionário de Umbanda

*E um só coração, um só pensamento subirá até Vós, como um grito de reconhecimento e de amor.*

*Como Moisés sobre a montanha, nós Vos esperamos com os braços abertos, oh Poder!, oh Bondade!, oh Beleza!, oh Perfeição!, e queremos de alguma sorte merecer a Vossa Divina Misericórdia.*

*Deus, dai-nos a força para ajudar o progresso, a fim de subirmos até Vós; dai-nos a caridade pura, dai-nos a fé e a razão; dai-nos a simplicidade que fará de nossas almas o espelho onde se refletirá a Vossa Divina e Santa Imagem. Assim seja.*

**Preceito** Ver **Obrigações**.

**Preto-Velho/Preta-Velha** Exemplos de humildade, tolerância, perdão e compaixão, os Pretos-Velhos e as Pretas-Velhas compreendem, sobretudo, os espíritos que, na roupagem de escravos, evoluíram por meio da dor, do sofrimento e do trabalho forçado. São grandes Magos da Luz, sábios, portadores de conhecimentos de Alta Espiritualidade.

Enquanto encarnados, cuidaram de seus irmãos, sustentando-lhes a fé nos Orixás, sincretizada com o Catolicismo, seus santos e rituais, a sabedoria milenar, a medicina popular e outros. Conhecidos como pais/mães, vovôs/vovós e mesmo tios/tias, representam a sabedoria construída não apenas pelo tempo, mas pela própria experiência. Guias e protetores na Umbanda, eles são espíritos desencarnados de muita luz.

Seus nomes geralmente são de santos católicos (como quando encarnados, conforme a ordem/orientação geral dos senhores e da própria Igreja), acrescidos do topônimo da fazenda onde nasceram ou de onde vieram, ou da região africana de origem.

Alguns exemplos: Pai Antônio, Pai Benedito, Pai Benguela, Pai Caetano, Pai Cambinda (ou Cambina), Pai Cipriano, Pai Congo, Pai Fabrício das Almas, Pai Firmino d´Angola, Pai Francisco,

Pai Guiné, Pai Jacó, Pai Jerônimo, Pai João, Pai Joaquim, Pai Jobá, Pai Jobim, Pai José d´Angola, Pai Julião, Pai Roberto, Pai Serafim, Pai Serapião, Vovó Benedita, Vovó Cambinda (ou Cambina), Vovó Catarina, Vovó Manuela, Vovó Maria Conga, Vovó Maria do Rosário, Vovó Rosa da Bahia.

Na roupagem de Pretos-Velhos, são verdadeiros psicólogos, tendo ótima escuta para todo e qualquer tipo de problema, sempre com uma palavra amiga para os consulentes, além dos passes, descarregos e outros.

| Algumas características dos Pretos-Velhos | |
|---|---|
| Bebidas | Café preto, vinho moscatel, vinho tinto, cachaça com mel (por vezes com ervas, sal, alho ou outros elementos) |
| Chacra | Básico ou sacro |
| Contas | Muitos pedem contas de rosário, favas, cruzes e figas |
| Cores | Preto e branco |
| Cozinha | Bolinho de tapioca, mingau das almas, tutu de feijão-preto |
| Dia da semana | Segunda-feira |
| Fumo | Cachimbo ou cigarro de palha |
| Linha e irradiação | Os Pretos-Velhos vêm na linha de Obaluaê, mas a irradiação de cada Orixá varia. |
| Planeta | Saturno |
| Roupas | Preta e branca, carijó (xadrez preto e branco), lenços na cabeça, batas e saias (Pretas-Velhas), chapéu de palha e outros. |
| Saudação | Adorei as almas! |

**Primado de Umbanda** O Primado de Umbanda foi fundado no Rio de Janeiro, em 5 de outubro de 1952. Dentre seus objetivos está a formação sacerdotal e iniciática aos Comandantes Chefes de Terreiro das Instituições Federadas e Simpatizantes do Primado de Umbanda. Idealizado pelo Caboclo Mirim e concretizado por meio de seu médium, o C. C. T. (Comandante Chefe de Terreiro) Sr. Benjamin Figueiredo, o Primado se vale da terminologia da língua nhengatu (língua geral dos indígenas brasileiros) para designar os graus de evolução espiritual, de modo a resgatar os fundamentos esotéricos da Grande Lei de Umbanda. Conta com diversas tendas, muitas já na terceira geração de comando.

**Prova de fogo** Prática hoje em desuso de que algumas casas se valiam para provar que o médium realmente estava incorporado: o mesmo deveria colocar a mão em recipiente com azeite de dendê fervendo, ou beber cachaça com fogo, por exemplo, sem se machucar.

**Psicografia** Escrita ditada ou intuída pelo plano espiritual. Muitas vezes a mecânica da mão, como na incorporação, fica à disposição do espírito responsável pelo texto, e mesmo a caligrafia difere da do médium.

**Psicometria** Faculdade segundo a qual um médium, em contato com determinado objeto, é capaz de relatar o histórico desse objeto e de seus donos.

**Punhal** Ver **Ponteiro**.

**Puxar pontos** Entoar os pontos cantados.

# Q

**Qualidade** Qualidades são tipos ou caminhos de determinado Orixá. São diversas as qualidades, com variações (fundamentos, nações, casas, representações, entre Umbanda e Candomblé etc.). Enquanto, por exemplo, Iansã Topé caminha com Exu, Iansã Igbale caminha com Obaluaê. Xangô Airá, por sua vez, caminha com Oxalá.

**Quartilhão** Espécie de vaso utilizado para assentamentos e outros fundamentos. Os chamados quartilhões fêmeas têm duas asas, enquanto os quartilhões machos, nenhuma.

**Quartinha** Vaso de louça onde se coloca água para diversas finalidades ritualísticas, de firmeza e de fundamento. As chamadas quartinhas fêmeas têm duas asas, enquanto as quartinhas machas, nenhuma.

**Quartinha de Oxalá** Localizada acima da porta, ao lado do local onde se acendem velas para os anjos da guarda. Ponto de atração das energias de Oxalá, irradiadas para todos que lá passarem.

**Quebrante** Queda energética provocada por energia deletéria projetada por outrem, consciente ou inconscientemente, provocando moleza, cansaço, indisposição.

**Quimbanda** A Esquerda também é conhecida como Quimbanda, o que não dever ser confundido com Quiumbanda, isto é, trabalho de quiumbas, espíritos de vibrações deletérias, que não são os Exus e Pomba-giras trabalhadores da Umbanda e/ou Guardiões de outras tradições religiosas e/ou espirituais. Para diferenciá-los, muitos preferem chamar os Exus e as Pomba-giras da Umbanda de "Exus batizados".

Essa classificação compreende os seguintes níveis:

- Exu Pagão: não sabe distinguir o Bem do Mal; contratado para alguma ação maléfica, se apanhado e punido, volta-se contra quem lhe encomendou e pagou o trabalho.

- Exu Batizado: diferenciam o Bem do Mal, praticam ambos conscientemente e estão a serviço das Entidades, evoluindo na prática do bem, contudo conservando suas forças de cobrança; para muitos, contudo, os Exus Batizados são aqueles que só trabalham para a Luz, agindo em nome dos Orixás e Guias.

- Exu Coroado: por mérito e evolução, podem apresentar-se como elementos da Direita.

Note-se que o vocábulo português "pagão", em sua origem, não tem a acepção negativa de "não-cristão", mas "aquele que vem do campo" (Nesse contexto, a Wicca se denomina orgulhosamente religião pagã.).

**Quimbandeiro** O que pratica a Quimbanda. Contudo, no cotidiano, o termo é associado àquele(a) que pratica a Quiumbanda, e não a Quimbanda, sendo, portanto, sinônimo de "adepto de práticas maléficas".

**Quiumba** Espírito obsessor, zombeteiro, com baixa vibração energética, que busca provocar confusão, arruaça, vingança etc., necessitando de encaminhamento e/ou doutrinação. Do quicongo "kiniumba", que significa "espírito".

**Quiumbanda** Prática maléfica, associada a quiumbas. No cotidiano, o termo é confundido com Quimbanda/Esquerda, gerando confusão.

**Quizila** Ver **Características dos Orixás (Elementos incompatíveis)**.

# R

**Rabo de encruza**  Quiumba.

**Rabudo(a)**  Forma pejorativa como são chamados Exus e Pombogiras.

**Raúra**  Cambone, filho.

**Receber**  Ver **Incorporar**.

**Recolhimento**  Ver **Roncó**.

**Reencarnação**  Retorno do espírito ao mundo material, em nova existência, por meio do nascimento num corpo físico, para novos aprendizados e missões.

**Regla**  Vocábulo popularmente utilizado em Cuba com o sentido de culto ou religião de matriz africana.

**Regla Arara**  Também conhecida como Arara Daomey, é religião de matriz africana bastante comum na região de Matanzas, em Cuba.

**Regla de Mayombe**  Ver **Regla de Palo Monte**.

**Regla de Palo Monte**  Religião cubana, também conhecida como Regla de Palo, é de origem banta/conga. A Regla de Mayombe é dividida em duas vertentes: mayombe judío, voltada para o mal, e mayombe cristiano. Note-se que os termos "judío" e "cristiano" possuem aqui valoração de "negativo" e "positivo", o que precisa ser compreendido no contexto em que os termos foram atribuídos a cada mayombe. Certamente tal distinção, preconceituosa contra os judeus, é hoje revista. Grosso modo, o mesmo ocorre com o vocábulo português "pagão", o qual, em sua origem, não tem a acepção negativa de "não cristão", mas "aquele que vem do campo".

Compreende subdivisões, como Brillumba ou Vryumba, Kimbisa e outras.

**Regla de Ocha** De origem iorubana/lucumí, é uma religião cubana de culto aos Orixás iorubanos, comandada por um obá, com cânticos ao som de tambores batá. Compreende, à parte, a Regla de Ifá.

**Reinos** Ver **Pontos da Natureza** e **Pontos de Força**.

**Religião** Conjunto de crenças religiosas e procedimentos com vistas a promover a (re)ligação individual e coletiva com o Divino.

**Religiões Afro-brasileiras** Ver **Religiões de Matriz Africana**.

**Religiões de Matriz Africana** Religiões que têm como base (ou uma de suas bases, como no caso da Umbanda e do Catimbó, dentre outras), sistemas de crenças transplantados da África para o Brasil.

**Religiões Tradicionais de Terreiro** O termo geralmente refere-se aos Cultos de Nação. Diversos segmentos consideram que a Umbanda também é uma religião tradicional de terreiro, embora suas raízes históricas e de suas casas não sejam tão antigas quanto às dos Cultos de Nação ou exclusivamente africanas, em termos de teologia, fundamentos e outros.

A dificuldade de encontrar terminologia que inclua todas as religiões e/ou os segmentos afins é muito grande. Nesse sentido, é bastante esclarecedor o questionamento do professor Ildásio Tavares transcrito a seguir, no qual procura denominar as religiões de terreiro como jeje-nagôs-brasileiras, o que, pelo último termo, incluiria também a Nação Angola, a Umbanda e outras religiões:

*Fala-se com muita segurança, empáfia (e até injúria) em religião negra, religião africana, religião afro-brasileira, ou culto, mais pejorativamente.*

*Essa terminologia é facciosa, discriminatória, preconceituosa, redutiva e falsa. Auerbach dizia que os maus termos, em ciência, são mais danosos que as nuvens à navegação. Negro é um termo que toma por parâmetro uma cor de pele que nem sequer é negra. Que seria religião negra? Aquela praticada por negros, apenas, ou aquela criada por negros e praticada por brancos, negros mulatos ou alguém com algum dos 514 tipos de cor achados no Brasil por Herskovits? Religião negra é um termo evidentemente racista quer usado pelos brancos para discriminar e inferiorizar o negro, quer usado pelo negro para se autodiscriminar defensivamente com uma reserva de domínio rácico e cultural.*

*Africano é absurdamente generalizante, na medida em que subsume uma extraordinária pluralidade e diversidade cultural em um rótulo simplista e unívoco. Nelson Mandela é frequentemente mencionado como um líder africano. Jamais alguém chamaria Adolf Hitler de um líder europeu ou de um líder branco apesar de este ser um defensor da superioridade dos arianos que não são necessariamente brancos, vez que a maioria dos judeus é de brancos, assim como os poloneses; e Hitler os tinha como inferiores, perniciosos e queria eliminá-los da face da Terra. Este rótulo redutivo lembra-me o episódio de nosso grotesco e absurdo presidente Jânio Quadros chamando o intelectual sergipano Raimundo de Souza Dantas, para ser embaixador do Brasil na África por ele ser de pele escura. Quando o perplexo Raimundo replicou: "Excelência, a África é um continente! Como posso ser embaixador do Brasil em um continente?" O burlesco presidente respondeu: "Não importa, o senhor vai ser embaixador do Brasil na África.". E foi. Sediado em Gana. Este é o típico exemplo de absurdo brasileiro, de seu surrealismo de hospício que muitos adotam como postura científica, para empulhar os tolos, os ingênuos e os incautos, armadilha perpetrada por canalhas para capturar os obtusos, diria Rudyard Kipling ao deixar o colonialismo para definir o Super Homem.*

*O rótulo afro-brasileiro também é falacioso. Aprendi no curso primário que o povo brasileiro está composto basicamente de três etnias: a dos índios, vermelha; a dos europeus, branca, e a dos africanos, preta. Por definição, portanto, brasileiro é a combinação de índio, africano e europeu, branco, vermelho e preto em proporções variáveis, é claro. Já se disse, jocosamente, que as árvores genealógicas no Brasil (em sua maioria ginecológicas, matrilinerares) ou dão no matou ou na cozinha, ou dão em índio ou em negro, para satirizar a falsa, a ansiada brancura de nosso povo que nem a importação de italianos e alemães conseguiu satisfazer, muito pelo contrário, eles é que escureceram, ao menos culturalmente, assim como os amarelos, haja vista a presença de babalorixás na Liberdade, São Paulo, no Paraná e em Santa Catarina, para não falar de Escolas de Samba de olhos oblíquos.*

*Ora, se brasileiro já quer dizer parte africano, afro-brasileiro é redundante. Resolvendo a equação, temos: $B = A + I + E$ ou seja Brasileiro é igual a africano + índio + europeu. Logo AB (Afro-brasileiro) será igual a A + AIB (Africano + Índio + Brasileiro). Tem africano demais nessa equação. Eliminando o termo igual, discriminaremos o Afro-brasileiro. A única solução é especificar a origem cultural (ou etnográfica, se quiserem) da religião. Para mim seria adequado dizer-se religiões brasileiras de origem africana, índia ou judaico-europeias, todas nossas. Mas como seria longo demais e detesto siglas, prefiro falar religiões jeje-nagôs-brasileira. É mais adequado. Pode não ser preciso. Mas a precisão é um desiderato dos relógios suíços, dos mísseis, dos navios que não afundam e dos filósofos positivistas. Não tenho simpatia por nenhum dos quatro. [...]*

**Repouso Vibratório** Com as mãos cruzadas à frente do corpo, serve para isolar o médium de energias deletérias de diversas origens. Algumas casas utilizam essa posição durante a defumação, até que toda a corrente mediúnica tenha sido defumada.

**Resguardo** Ver **Obrigações**.

**Rezador** Benzedor.

Ver **Benzimento**.

**Rezar** Além de sinônimo de "orar" ou "dizer preces", rezar também significa "benzer".

**Ri ró!** Saudação a Euá. Significa "Doçura!".

**Rirró!** Ver **Ri ró!**

**Riscar ponto** Desenhar pontos riscados.

**Roça** Por influência dos Cultos de Nação, é o mesmo que "terreiro".

**Roncó** Quarto de recolhimento para iniciação e outros rituais. O termo resulta do aportuguesamento do vocábulo "hounko", que entre os Fons do antigo Daomé significa "quarto de reclusão".

**Roupa branca** A roupa branca representa Oxalá, a pureza. Geralmente as casas adotam uniformes, para que seus membros não se vistam cada qual de uma forma diferente: calças e camisas brancas para homens e saias, calças e camisas brancas para mulheres.

Algumas casas apresentam outros elementos que definem a hierarquia da casa, em especial babá, pai pequeno ou mãe pequena, seguranças de canto e porta: torso, tecido diferenciado etc.

Existem também casas que optam por homenagear diretamente seu Orixá patrono por meio do uniforme. Dessa forma, num templo cujo Orixá chefe é Ogum têm-se médiuns com calça branca e camisa vermelha.

Os pés podem estar descalços por humildade, contato com o solo ou com folhas ou calçados, geralmente por proteção energética ou em razão de padrão de vestimenta da casa.

**Roupa da Esquerda** Para os Exus, calça e camisa. Para as Pombogiras, saia e camisa. As cores utilizadas são o preto e o vermelho, ou apenas preto. A maioria das casas, assim como no caso da roupa da Direita, utiliza-se de uniforme, a fim de não haver exageros, personalismos, inadequações para o ambiente etc.

**Roupagem fluídica** Forma de apresentação de seres espirituais. Quando se trata de espíritos que encarnaram, geralmente utilizam roupagem fluídica de uma de suas encarnações. A esse respeito, veja-se o caso do Caboclo das Sete Encruzilhadas, que, em sua primeira comunicação pública foi visto como um sacerdote por um dos médiuns, de fato também uma de suas encarnações.

O senso comum afirma que Caboclos e Pretos-Velhos não incorporam em centros espíritas. Na verdade, "baixam" e com roupagens fluídicas diversas. Vale lembrar que a Umbanda nasceu "oficialmente" a partir da rejeição de Caboclos e Pretos-Velhos em mesas mediúnicas espíritas. De qualquer forma, com a ampliação do diálogo ecumênico e inter-religioso e, portanto, da fraternidade entre encarnados, têm ocorrido mais manifestações mediúnicas de Caboclos e Pretos-Velhos em casas espíritas.

A respeito da roupagem fluídica, interessante exemplificar com textos de Feraudy e Pires. No primeiro caso, o autor trata da pluralidade de roupagens fluídicas e de um fenômeno imediato de substituição duma por outra. No segundo caso, de maneira romanceada, apresenta-se a roupagem de um Caboclo.

Roger Feraudy registra:

*[...] mostrando que não existe a menor diferença entre o trabalho mediúnico de Umbanda e Kardecismo, o autor participou, anos atrás, de um trabalho que veio a confirmar essa assertiva.*

*Seus vizinhos na cidade do Rio de Janeiro trabalhavam em um centro de Umbanda, Tenda Mirim, ela como médium e seu marido como cambono. Em determinado dia, sua filha única, então com quatro anos de idade, teve uma febre altíssima. Depois de chamarem um médio, que não soube diagnosticar a origem dessa febre e como aumentava progressivamente, o marido pediu à mulher que recebesse o seu guia espiritual, caboclo Mata Virgem, chamando-me para auxiliar nesse trabalho. O caboclo Mata Virgem apresentou-se e mandou que o marido do seu aparelho tomasse nota de cinco ervas para fazer um chá que, segundo a entidade, resolveria o problema.*

*O vizinho, então, ponderou:*

*– Acredito que o senhor seja o seu Mata Virgem e que o chá irá curar a minha filha; porém, na Terra existem leis a que tenho que prestar contas. Sei que isso não acontecerá, mas se minha filha não ficar boa com seu chá ou mesmo morrer, o que direi às autoridades: que foi seu Mata Virgem quem mandou a menina tomar o chá?!?*

*O caboclo atirou o charuto que fumava no chão, adotou uma posição ereta e, calmo, disse em linguagem escorreita:*

*– Dê o chá que estou mandando – e elevando a voz –, doutor Bezerra de Menezes!*

Por sua vez, em *A missionária*, romance mediúnico intuído por Roger Pires, o narrador observa:

*[...] Nesse exato momento, enxergou as três figuras ao lado da cama. Eram Jeremias e Melissa, postados próximos à cabeceira da doente, tendo estendidos, sobre ela, os braços. De suas mãos fluía uma radiosidade que se espalhava por todo o corpo de Priscilla. A terceira figura era um 'índio' imponente, de uma estatura incomum, o rosto largo, a pele bronzeada, os olhos grandes e negros. Tinha na cabeça um cocar majestoso, cujas penas se estendiam até os tornozelos. A energia que dele emanava enchia o quarto. Fascinada com o quadro, no geral, Jéssica viu o 'índio' deslocar-se do lado dos outros e colocar-se aos pés da cama, o olhar manso, mas firme e fixo na doente.*

**Rum** Ver **Atabaques**.

**Rumpi** Ver **Atabaques**.

# S

**Sacudimento** Ritual de limpeza espiritual com o intuito de expulsar energias negativas de pessoa ou ambiente. Para tanto, empregam-se folhas fortes que são batidas na pessoa ou no ambiente ("surra"), pólvora queimada no local em que se realiza o ritual e, em algumas casas, comidas e aves em contato com a pessoa ou o ambiente, os quais serão posteriormente oferecidos aos eguns (as aves soltas, vivas). O ritual é completado com banho, no caso de pessoa, e com a defumação do corpo ou do local do sacudimento.

**Sacramentos** Enquanto religião constituída, em sua ritualística, a Umbanda possui sacramentos, os quais, no tocante ao desenvolvimento mediúnico e outras particularidades (definidos por alguns também como sacramentos), variam de casa para casa. Como núcleo comum, os sacramentos de Umbanda são o Batismo e o Casamento. Outro ritual próprio, conhecido em outras religiões como sacramental, é a Encomendação (velório, cemitério e outros).

**Sacrifício** Ver **Corte**.

**Saída** Apresentação pública de um Orixá, de um ogã, de um dirigente espiritual etc.

**Saluba!** Salubá! ou Saluba, Nanã! Saudação a esse Orixá. Significa "Nós nos refugiamos em Nanã!", ou "Salve a Senhora da Lama (ou do Poço!)", ou ainda "Salve a Senhora da Morte!".

**Salvar** Saudar. São várias as formas: bater paô, elevar as mãos etc.

**Salve Rainha** Oração católica, dedicada a Nossa Senhora, também rezada por muitos umbandistas, por vezes aconselhada, por exemplo, por Pretos-Velhos.

*Salve, Rainha, mãe de misericórdia, vida, doçura, esperança nossa,
salve! A vós bradamos os degredados filhos de Eva. A vós suspiramos,
gemendo e chorando neste vale de lágrimas. Eia, pois, advogada nossa,
esses vossos olhos misericordiosos a nós volvei, e depois deste desterro
mostrai-nos Jesus, bendito fruto do vosso ventre, ó clemente, ó piedosa,
ó doce sempre Virgem Maria. Rogai por nós, ó Santa Mãe de Deus, para
que sejamos dignos das promessas de Cristo.*

**Sangue** Ver **Corte**.

**Santa** Termo popular para Orixá feminino (Iabá).

**Santa Sara** Padroeira do Povo Cigano. Reza a tradição, numa das lendas
de Santa Sara, que, para fugir das perseguições de Herodes Agripa,
alguns discípulos de Jesus foram colocados numa barca sem velas ou
remos ou o mínimo de provisões.

Dentre os discípulos estavam Maria Salomé, mãe de Tiago Maior
e João, e Maria Jacobé, Irmã ou prima de Maria, mãe de Jesus, juntamente com a serva Sara. Em 44 ou 45 d. C. a embarcação teria
chegado a Camargue, na França. Maria Jacobé, Maria Salomé e Sara
permaneceram na mesma região, enquanto os demais discípulos se
dispersaram pela Gália como evangelizadores.

Segundo outras versões, Sara vivia às margens do Mediterrâneo
e foi acolhida pelas outras mulheres, tornando-se, posteriormente,
cristã, serva e acompanhante de Maria Jacobé e Maria Salomé. Outras fontes, ainda, caracterizam Sara como abadessa ou freira de um
convento líbio, rainha egípcia que teria acolhido os evangelizadores,
ou mesmo descendente dos atlantes.

Para os ciganos, a Virgem Sara é chamada também de Kali, o que
significa "negra"; também nome de uma deusa negra indiana, relacionada à morte.

**Oração popular**

*Minha doce Santa Sara Kali, tu que és a única santa cigana do mundo, tu que sofreste todas as formas de humilhação e preconceito, tu que foste amedrontada e jogada ao mar para que morresses de sede e de fome. Tu que sabes o que é o medo, a fome, a mágoa e a dor no coração. Não permitas que meus inimigos zombem de mim ou me maltratem. Que tu sejas minha advogada perante Deus, que tu me concedas sorte, saúde, paz e que abençoe a minha vida. Amém.*

**Santería** Vocábulo impreciso e "subversivo", como o brasileiro "macumba", que, em Cuba, designa as religiões de matriz africana e/ou cultos de origem afro.

**Santo** Termo popular para Orixá masculino (Aborô), Orixá em geral e religiões que cultuam Orixás.

**Santo Anjo** Oração popular católica, também rezada por muitos umbandistas.

*Santo Anjo do Senhor, meu zeloso guardador, se a Ti me confiou a piedade divina, sempre me rege, guarda, governa e ilumina. Amém.*

**Santuário Nacional de Umbanda** Fundado e administrado por Pai Ronaldo Linares, o Santuário Nacional de Umbanda é uma reserva ecológica mantida pela Federação Umbandista do Grande ABC, com vistas a oferecer local apropriado para a prática dos rituais umbandistas.

Com 645.000 m$^2$ de mata nativa recuperada, possui diversos lotes que podem ser utilizados por terreiros (alguns o fazem de modo permanente), loja de artigos religiosos, espaço para oferendas de Umbanda e Candomblé (não é permitido o corte no Santuário), cantina, banheiros, cachoeira e outros.

**Saudações (religiões)** Em ordem alfabética, algumas saudações e/ou pedidos de bênção. Grafias e mesmo significados possuem variações.

Os usos variam ainda conforme as Nações e do Candomblé para a Umbanda. Nesse sentido, há uma célebre saudação que unifica e representa a diversidade: "A benção pra quem é de benção, colofé pra quem é de colofé, mucuiú pra quem é de mucuiú e motumbá pra quem é de motumbá!".

| | |
|---|---|
| Axé | Saudação genérica entre o povo de santo, evocando a força que assegura o dinamismo da vida, isto é, o Axé. |
| Bênção | Saudação genérica, utilizada nas diversas Nações. |
| Colofé | Saudação mais comum na Nação Jeje. Como complemento, tem-se "Colofé lorum". |
| Motumbá | Saudação mais comum na Nação Ketu. Do iorubá "mo túmba", com o sentido de "eu o saúdo humildemente". Como complemento, tem-se "Motumbá Axé". |
| Mucuiú | Variante de Mocoiú. Saudação mais comum na Nação Angola. Do quicongo "mu-kuyu" com o sentido de espírito. A saudação ritual completa-se com "Mucuiú nu Zâmbi". |
| Salve | Saudação genérica, utilizada nas diversas Nações. |
| Saravá | Saudação mais comum da Umbanda, como sinônimo de "salve!". Trata-se do resultado da bantuização do português "salvar", "saudar". |

**Saudações (terreiro)** Algumas saudações comuns no terreiro e seus significados:

### Bater cabeça

Com o corpo estirado, ou de joelhos, conforme a situação e o ritual de cada casa, toca-se o chão com a testa. Sinal de respeito e devoção aos Orixás em geral, aos do congá e dos dirigentes espirituais da casa. Também se trata de forma de absorção de energias benfeitoras. Há outra maneira mais elaborada, usada principalmente por dirigentes espirituais e médiuns de coroa feita.

Por influência dos Cultos de Nações, algumas casas se utilizam do Dobalê e do Iká.

Dobale ou Dobalê – saudação daquele que tem o primeiro Orixá masculino (aboró), a qual consiste em prosternar-se no chão, ao comprido, diante do Orixá, de um sacerdote e outros.

Iká – Saudação daquele que tem o primeiro Orixá feminino (iabá), que consiste em deitar-se de bruços, diante do Orixá, de um sacerdote e outros, com a cabeça tocando o solo enquanto o corpo move-se para os lados, sobre os braços estendidos.

Há regiões e casas onde os gestos de dobale e iká têm os nomes invertidos. Em outras, o termo dobale é empregado para ambos os gestos.

**Bater paô**

Na Umbanda, geralmente batem-se três palmas em sinal de respeito (diante da Tronqueira, após se bater cabeça diante do altar etc.).

**Bater as pontas dos dedos no chão**

Sinal de respeito e reverência, complementado de diversas maneiras como:

a) saudação a Exu – bate-se com os dedos da mão esquerda e depois se cruzam os dedos das mãos com as palmas voltadas para o solo;

b) saudação aos Pretos-Velhos – bate-se com os dedos da mão direita, fazendo-se uma cruz e depois traçando o sinal da cruz no peito;

c) saudação aos Orixás e Guias – bate-se com os dedos da mão direita, toca-se a fronte (saudação ao Eledá – 1º Orixá), o lado direito da cabeça (2º Orixá) e a nuca (Ancestrais). Batendo-se a mão três vezes ao chão e tocando-se os três pontos da cabeça descritos, tem-se uma saudação a Obaluaê.

**Beijar a mão do(a) dirigente espiritual**

Pedido de benção.

**Cumprimento ombro a ombro**

Sinal de amizade, fraternidade e igualdade. Cumprimento muito bonito, portanto, quando feito por um Guia, mas também com dirigentes espirituais, por exemplo. Feito direito, esquerdo, direito.

**Segmentos umbandistas** Na realidade, a Umbanda é uma só. Contudo, há ramificações diversas, nas quais cada sacerdote, cada filho e cada consulente se sente mais à vontade para trabalhar sua conexão com o divino e desenvolver a mediunidade.

Embora não haja consenso ou mesmo reconhecimento de alguns segmentos, a lista seguinte apresenta alguns dos mais conhecidos.

| | |
|---|---|
| Umbanda de Almas e Angola | Em linhas gerais, conjuga a Umbanda à Tradicional e os ritos africanistas do Candomblé Angola. |
| Umbanda Branca e/ou de Mesa | Geralmente não se utilizam de elementos africanos (em algumas casas, nem mesmo o culto direto aos Orixás), não trabalham diretamente com Exus e Pombogiras nem se utilizam de fumo, álcool, imagens e ataques. Por outro lado, trabalha com Caboclos, Pretos-Velhos e Crianças, bem como se valem de livros espíritas como base doutrinária. |
| Umbanda de Caboclo | Forma de Umbanda na qual o foco são os Caboclos, assim como prepondera a influência das culturas indígenas. |
| Umbanda Esotérica | Seu maior representante e difusor foi W. W. Mata Pires (Mestre Yacapany). A Umbanda, vista como conjunto de leis divinas. |
| Umbanda Iniciática | Derivada da Umbanda Esotérica, foi fundamentada por Pai Rivas (Mestre Arhapiagha), com grande influência oriental, como uso de mantras indianos e do sânscrito. |

| | |
|---|---|
| Umbanda Omolocô | Genericamente, conjugação do culto africanista aos Orixás e dos Guias e das Linhas de Umbanda. |
| Umbanda Popular | Praticada antes do trabalho de Zélio Fernandino, conhecida também como macumba, de forte sincretismo entre Orixás e santos católicos. Alguns consideram o chamado Candomblé de Caboclo também uma forma de Umbanda Popular. |
| Umbanda de Preto-velho | Forma de Umbanda na qual o comando cabe aos Pretos-Velhos. |
| Umbanda Traçada (Umbandomblé) | O sacerdote ora toca para Umbanda, ora para Candomblé, em sessões com dias e horários diferenciados. |
| Umbanda Tradicional | Genericamente, refere-se à Umbanda organizada por Zélio Fernandino. |

**Segurança** Médium coroado destinado a trabalhar como segurança de canto, porta, frente e outros.

**Seita** Vocábulo que geralmente se refere de forma pejorativa a grupos de pessoas com práticas espirituais que destoem das consideradas ortodoxas.

Muitas vezes, no cotidiano dos terreiros, a Umbanda é chamada de seita, contudo sem a acepção negativa, mas como sinônimo de religião.

**Senhora da Luz Velada** Forma como a Umbanda é chamada na Umbanda Esotérica. A esse respeito, há uma célebre oração:

**Oração da Senhora da Luz Velada**
*Oh, Senhora da Luz Velada!*
*UMBANDA DE TODOS NÓS!*
*Que acolhes em teu seio as lágrimas e os*
*gemidos dos desesperados e aflitos*

*de todos os planos.*
*Oh, tu que revelas em tua própria luz a*
*dor nascente das causas e efeitos!*
*Em súplica vibramos nossos pensamentos*
*através de tua grande lei e pedimos a teus*
*Orixás, Guias e Protetores, Irmãos que não*
*mais resgatam na penumbra da forma,*
*interceder por nós aos pés da cruz do meigo Oxalá,*
*imploramos ainda, por intermédio deles,*
*aos Sete Espíritos de Deus, derramarem sobre as*
*dores, o conforto de suas vibrações originais.*
*E dê-nos sempre esta luz-força que pedimos e sentimos.*
*Quando na simplicidade de nossos congás, um*
*humilde Pai Preto nos fala de Zâmbi, Estrela Guia, amor e perdão.*
*Recebe portanto, oh, Senhora da Banda, a soma das*
*nossas ações que pesam na balança de nossos*
*renascimentos desde as noites da eternidade.*

**Sessão** Ver **Gira**.

**Sete** Diversas tradições espirituais, religiosas e culturais consideram o número 7 sagrado, cabalístico, espiritual. Além disso, sete são os períodos da vida, as cores do arco-íris, os dias da semana, as maravilhas do mundo (ao menos as da primeira listagem), os principais chakras etc.

A presença desse número é bastante grande na Umbanda, em especial quando se fala das Sete Linhas e de nomes de Guias e Guardiões, por exemplo.

**Sete Linhas** Linhas maiores de trabalho na Umbanda.

Interessante notar que, ao longo do tempo, não foram as Linhas de Umbanda que mudaram, mas sim a compreensão a respeito das mesmas. Novos elementos são agregados à Umbanda, mais e mais, como por exemplo no caso da Linha do Oriente, uma vez que suas portas estão sempre abertas àqueles que, no Plano Espiritual, desejem nela trabalhar na Lei da Umbanda.

Como nada é rígido na Espiritualidade, nem sempre as representações e as correspondências de Guias e Guardiões (na Direita ou na Esquerda) serão necessariamente as mesmas para cada pessoa ou terreiro.

| 1925 No livro *Ensaios sobre Umbanda*, Leal de Souza elenca as Sete Linhas a seguir. | |
| --- | --- |
| 1 | Oxalá |
| 2 | Ogum |
| 3 | Oxóssi |
| 4 | Xangô |
| 5 | Iansã |
| 6 | Iemanjá |
| 7 | Almas |

| 1941 1º Congresso de Espiritismo de Umbanda Em *Introdução ao Estudo da Linha Branca de Umbanda*, a Cabana de Pai Thomé do Senhor do Bonfim confirma o trabalho de Leal de Souza. | |
| --- | --- |
| 1º grau de iniciação | Almas |
| 2º grau de iniciação | Xangô |
| 3º grau de iniciação | Ogum |
| 4º grau de iniciação | Iansã |
| 5º grau de iniciação | Oxóssi |
| 6º grau de iniciação | Yemanjá |
| 7º grau de iniciação | Oxalá |

**Set – Set**

## 1952

O Primado de Umbanda apresenta os Sete Seres Espirituais responsáveis pela Luz Espiritual emanada do próprio Deus (Supremo Espírito), o primeiro elo entre Deus e as outras Hierarquias Espirituais. Em nosso Sistema Solar, os chamados Orixás Maiores regem as Sete Linhas da Umbanda.

| | |
|---|---|
| 1 | Orixalá |
| 2 | Ogum |
| 3 | Oxóssi |
| 4 | Xangô |
| 5 | Yorimá (Iofá, Obaluaê) |
| 6 | Yori (Ibeji – Erês – Crianças) |
| 7 | Yemanjá |

## 1956

No livro *Umbanda de Todos Nós*, W. W. da Mata e Silva apresenta as Sete Linhas de Umbanda, observando a tríade Caboclo, Preto-Velho e Criança, roupagens fluídicas com as quais apresentam-se os Espíritos trabalhadores da Umbanda.

| | |
|---|---|
| 1. Luz do Senhor Deus, Princípio Incriado, Verbo. | Orixalá |
| 2. Princípio Duplo Gerante, Espírito Feminino, Fecundação. | Yemanjá |
| 3. Potência Divina Manifestada, Princípio em ação na própria humanidade. | Yori (Crianças) |
| 4. Senhor das Almas, Senhor do Fogo Etéreo, Lei Cármica (causa e efeito). | Xangô |
| 5. Fogo da Salvação, Fogo da Glória, Demandas da Fé. | Ogum |
| 6. Ação Circular sobre os viventes na Terra, Caçador das Almas | Oxóssi |
| 7. Princípio Real da Lei, Mestrado nos Ensinamentos da Lei de Umbanda. | Yorimá (Pretos-Velhos) |

## 1964

No Livro *Okê Caboclo! – Mensagens do Caboclo Mirim*, do fundador da Tenda Espírita Mirim, Benjamim Figueiredo, os Orixás se dividem em Menores e Maiores, sendo estes últimos os regentes das Sete Linhas.

| | |
|---|---|
| 1. Expressão da Inteligência | Oxalá |
| 2. Expressão do Amor | Iemanjá |
| 3. Expressão da Ciência | Xangô Caô |
| 4. Expressão da Lógica | Oxóssi |
| 5. Expressão da Justiça | Xangô Agodô |
| 6. Expressão da Ação | Ogum |
| 7. Expressão da Filosofia | Iofá |

## 2003
### Rubens Saraceni
Livro *Sete Linhas de Umbanda* – A Religião dos Mistérios.

| | |
|---|---|
| 1. Essência Cristalina – Fé | Oxalá |
| 2. Essência Mineral – Amor | Oxum |
| 3. Essência Vegetal – Conhecimento | Oxóssi |
| 4. Essência Ígnea – Justiça | Xangô |
| 5. Essência Aérea – Lei | Ogum |
| 6. Essência Telúrica – Evolução | Obaluaê |
| 7. Essência Aquática – Geração/Vida | Yemanjá |

Set – Set

## 2009
### Lurdes de C. Vieira (coordenação)
### Livro *Manual Doutrinário, Ritualístico e Comportamental Umbandista.*

| | |
|---|---|
| Oxalá | Mistério da Fé – qualidade congregadora |
| Ogum | Mistério da Ordenação – onipotência |
| Oxóssi | Mistério do Conhecimento – onisciência |
| Xangô | Mistério da Justiça |
| Oxum | Mistério do Amor – concepção |
| Obá | Mistério do Conhecimento – concentração |
| Iansã | Mistério da Lei – direção |
| Oxumaré | Mistério do Amor – renovação |
| Obaluaiê | Mistério da Evolução |
| Omulu | Mistério da Vida – estabilização |
| Nanã | Mistério da Evolução – racionalização |
| Oiá Tempo | Mistério da Religiosidade |
| Egunitá | Egunitá – Mistério da Justiça – purificação |
| Exu | Qualidade vitalizadora de Olorum (Deus, Zâmbi) |
| Pomba-gira | Qualidade estabilizadora |

## 2010
### Janaina Azevedo Corral
### Livro *As Sete Linhas da Umbanda.*

| | |
|---|---|
| 1 | Linha de Oxalá |
| 2 | Linha das Águas |
| 3 | Linha dos Ancestrais (Yori e Yorimá) |
| 4 | Linha de Ogum |
| 5 | Linha de Oxóssi |
| 6 | Linha de Xangô |
| 7 | Linha do Oriente |

| As Sete Linhas na forma em que são mais conhecidas e/ou mais se manifestam nos terreiros de Umbanda. | |
|---|---|
| 1 | Oxalá |
| 2 | Iemanjá |
| 3 | Xangô |
| 4 | Ogum |
| 5 | Oxóssi |
| 6 | Yori |
| 7 | Yorimá |

**Sincretismo** A senzala foi um agregador do povo africano. Escravos muitas vezes apartados de suas famílias e divididos propositadamente em grupos culturais e linguisticamente diferentes, por vezes antagônicos, para evitar rebeliões, organizaram-se de modo a criar uma pequena África, o que posteriormente se refletiu nos terreiros de Candomblé, onde Orixás procedentes de regiões e clãs diversos passaram a ser cultuados numa mesma casa religiosa.

Entretanto, o culto aos Orixás era velado, uma vez que a elite branca católica considerava as expressões de espiritualidade e fé dos africanos e seus descendentes como associada ao mal, ao Diabo cristão, caracterizando-a pejorativamente de primitiva. Para manter sua liberdade de culto, ainda que restrita ao ambiente da senzala, ou, de modo escondido, nos pontos de força da natureza ligados a cada Orixá, os escravizados recorreram ao sincretismo religioso, associando cada Orixá a um santo católico. Tal associação também apresenta caráter plural e continuou ao longo dos séculos, daí a diversidade de associações sincréticas.

Hoje, por um lado, há um movimento de "reafricanização" do Candomblé, dissociando os Orixás dos santos católicos; por outro lado, muitas casas ainda mantêm o sincretismo, e muitos zeladores de santo declaram-se católicos. No caso da Umbanda, algumas casas, por exemplo, não se utilizam de imagens de santos católicos, representando os Orixás em sua materialidade por meio dos otás; entretanto, a maioria ainda se vale de imagens católicas, entendendo o sincretismo como ponto de convergência de diversas matrizes espirituais.

De certa forma, o sincretismo também foi chancelado pelo fato de popularmente "Orixá" passar a ser conhecido como "Santo" (Orixá de energia masculina/pai/aborô) ou "Santa" (Orixá de energia feminina/mãe/iabá), o que reforça a associação e a correspondência com os santos católicos, seres humanos que, conforme a doutrina e os dogmas católicos, teriam se destacado por sua fé ou seu comportamento. Energia masculina e energia feminina de cada Orixá não têm necessariamente relação com gênero e sexualidade tal qual conhecemos e vivenciamos, tanto que em Cuba Xangô é sincretizado com Santa Bárbara.

A título de exemplo, algumas formas de sincretismo do Orixá Xangô:

SÃO JERÔNIMO: Nascido em Estridão, na Dalmácia, em aproximadamente 345 d.C., faleceu em Belém em 419 d. C. Tradutor, foi responsável pela tradução da Bíblia para o latim (Vulgata). Erudito, estudioso, doutor da Igreja, foi também secretário do Papa Dâmaso. Após a morte do pontífice, sofrendo críticas e calúnias, retirou-se para Belém. Geralmente é representado como um ancião de barbas e cabelos brancos, com um leão (um dos animais símbolos de Xangô) e um livro (Bíblia). Trata-se certamente da forma mais popular de sincretismo do Orixá Xangô na Umbanda por meio de representação de imagens em seus altares, embora nos pontos cantados predomine a figura de São João Batista. Reza a lenda que, com senso de justiça, São Jerônimo defendeu um leão da acusação, sem provas e apressada por observações sobre a aparência dos fatos, de haver matado e comido um seu amigo jumento, o que depois se verificou não ser verdade. Sua festa é celebrada no dia 30 de setembro, Dia da Bíblia para a Igreja Católica. Sincretizado principalmente com Xangô Agodô.

SÃO JOÃO BATISTA: Nascido na Judeia, por volta do ano 2 a. C., foi morto aproximadamente em 27 d. C.. Primo de Jesus, foi o precursor de sua mensagem e acabou por batizar o próprio Jesus, de quem se declarava indigno de desatar as sandálias. Célebre por dizer o que pensava, não temia acusar Herodes Antipas por haver se casado com a viúva de seu irmão, o que não era permitido por lei. Contudo, segundo consta, Herodes tolerava João Batista e lhe admirava o verbo. A astúcia de Herodíade, a esposa, colocou Salomé, filha de seu casamento anterior para dançar para o rei, e este lhe prometeu o que desejasse, mesmo se a metade de seu reino, ao que a enteada, por influência da mãe, solicitou a cabeça de João Batista numa bandeja, tendo o rei de cumprir sua promessa. Sua festa é celebrada em 24 de junho, com as célebres fogueiras, em especial na noite/madrugada do dia 23 para o dia 24.

SÃO PEDRO: Discípulo de João Batista e Apóstolo de Jesus Cristo, nasceu em Betsaida e morreu em Roma em 64 d. C., no reinado de Nero, crucificado de cabeça para baixo pelo fato de se sentir indigno de morrer como o Mestre. Seu nome foi dado por Jesus e significa "pedra", "rocha" ("Cefas", em aramaico), sobre a qual se edificou a comunidade cristã (para a Igreja Católica, Pedro foi o primeiro Papa). Fazendo parte do círculo íntimo de Jesus, Pedro foi o Apóstolo que prometeu segui-lo, porém o negou três vezes, por medo; impetuoso, cortou a orelha de um empregado do Sumo Sacerdote que acompanhava o grupo que havia ido prender Jesus, tendo o ferimento sido curado por Mestre. Distingue-se de João, o chamado "Discípulo Amado", que em tudo seria exemplar, e de Judas, que trairia o Mestre, sendo, assim, um dos Apóstolos cujo arquétipo mais se aproxima das oscilações da alma humana e bem representa o caminho das pedras até o amadurecimento, por meio de erros e acertos. Não à toa, arquetipicamente, Xangô Airá é associado a São Pedro. Em diversas imagens, além das chaves que ligam céu e terra, traz também um livro, elemento relacionado a diversas representações sincréticas de Xangô. Festa: 29 de junho.

MOISÉS: Não se trata propriamente de santo católico, mas de legislador, líder religioso e profeta do Antigo Testamento, responsável pela libertação do povo hebreu da escravidão no Egito. A Moisés se associam as Tábuas da Lei, com os Dez Mandamentos, que, segundo a tradição, teria recebido do próprio Deus. Por sua liderança, pela sabedoria e experiência (a representação mais conhecida de Moisés é a de um patriarca em idade madura, com barbas e cabelos brancos), pelo texto da Lei impresso em pedra e recebido no Monte Sinai, com ele é sincretizado Xangô.

SÃO JOSÉ: Esposo de Nossa Senhora e pai (segundo a tradição católica, putativo) de Jesus, é representado como homem maduro e grisalho, com barba. Trata-se de patriarca que traz ao colo o filho amado, ainda criança, e segura na mão um lírio branco, flor de Xangô (também flor de Oxalá; de Xangô é também o cravo branco ou vermelho), o que favorece o sincretismo. Sua festa é celebrada em 19 de março.

SÃO JUDAS TADEU: Apóstolo de Jesus, viveu no século I, irmão de São Tiago Menor. Conhecido como "Tadeu", isto é, "aquele que tem peito largo". Pregou na Galileia, na Judeia, na Síria e na Mesopotômia. Em muitas de suas representações, aparece como um homem maduro de barba e com um instrumento que lembra muito um machado ou uma foice e com um livro (Evangelho) na mão. É invocado para casos impossíveis ou de desespero. Sua festa é celebrada em 28 de outubro.

Observe-se, não apenas no caso de Xangô Airá (sincretizado com São Pedro), a estreita ligação entre cada santo católico e Jesus Cristo (sincretizado com Oxalá), bem como entre Moisés e Deus Pai (também sincretizado com Oxalá).

**Sistema de incineração** Processo de tratamento de lixo que vem sendo adotado em diversos terreiros. Nas palavras do dirigente espiritual, professor de Geografia, escritor e divulgador do sistema Giovani Martins,

*[...] os resíduos e despachos provenientes dos ebós, que até então eram jogados em locais públicos, passam agora pela incineração para depois serem devidamente enterrados em áreas de plantio e reflorestamento. A incineração de resíduos, principalmente do lixo, é uma prática muito antiga, ainda hoje comum nas zonas rurais. Apesar da queima em céu aberto colaborar para a poluição atmosférica com os gases de combustão, a queima ainda é uma alternativa viável para a eliminação dos resíduos. Com a incineração existe uma redução de aproximadamente 80% no volume do material. Os incineradores hoje utilizados nos Terreiros em sua maioria são domésticos, ou seja, construídos de forma artesanal com tijolo e cimento. Nos ebós não são utilizados plásticos, metais e outros materiais que acarretariam problemas ambientais mesmo incinerados. A combustão de plásticos clorados (PVC), por exemplo, resulta no ácido clorídrico altamente poluente, devendo de fato ser evitado.*

Como há entregas em que se usam, por exemplo, moedas e outros objetos, os mesmo não podem passar por esse processo, tendo outro encaminhamento.

**Subir** Ver **Desincorporar**.

**Surra de Santo** A chamada, popularmente, surra de Santo é um choque energético causado pela incompatibilidade entre a energia do Orixá, Guia ou Guardião e seu médium, o que pode ocasionar mal estar e, por exemplo, queda de médium já experiente e coroado (com determinadas obrigações feitas) no momento da desincorporação. Por vezes, ocorre o afastamento temporário (principalmente na incorporação) por parte de Orixás, Guias e Guardiões em virtude da incompatibilidade vibratória ocasionada por determinadas posturas do médium. A isso se dá o nome popular de "dar as costas".

# T

**Talismã** Objeto preparado com o objetivo de atrair energias benfeitoras.

**Tambor** Ver **Atabaques**.

**Tambor de Mina** Culto afro-brasileiro, de origem jeje, característico principalmente no Estado do Maranhão. O vocábulo "mina" refere-se à origem dos escravos, aprisionados no forte de São Jorge da Mina, de propriedade dos portugueses, na África Ocidental, antes de serem trazidos para o Brasil como escravos.

Na Casa das Minas, em São Luís (MA) os Voduns são cultuados conforme as famílias a que pertençem. Dessa forma, a família de Davice é constituída por Voduns chamados nobres (reis e rainhas) do Daomé. A família de Savaluno é composta de Voduns da região norte do Daomé. Já a família de Dambirá comporta os Voduns da terra, das doenças e da peste. A família de Quevioso e Aladanu, considerada de origem nagô, abarca os Voduns dos raios, dos trovões, do ar e da água.

No tambor-de-mina há também a manifestação dos encantados de diversas origens: Caboclos da mata, fidalgos/nobres portugueses e franceses e turcos/mouros.

**Tapete** Prática hoje em desuso que algumas casas se valiam para provar que o médium realmente estava incorporado: colocavam-se cacos de vidro no chão, à maneira de um tapete, onde o médium andava ou rolava o corpo sem se machucar.

**Tata** Por influência do Candomblé Angola, forma como são chamados dirigentes espirituais masculinos (e mesmo femininos) em algumas casas de Umbanda.

# Dicionário de Umbanda

**Tatetu** Ver **Tata**.

**Tatalorixá** Ver **Tata**. Interessante notar a síntese entre o Angola "Tata" e o Ketu "Orixá".

**Templo** Terreiro ou sua parte central.

**Tempo** Também conhecido como Loko, e mesmo Iroko, Tempo é um Orixá originário de Iwere, na parte leste de Oyó (Nigéria). Sua importância é fundamental na compreensão da vida. Geralmente é associado à Iansã (e vice-versa), senhora dos ventos e das tempestades.

Segundo célebre provérbio, "O Tempo dá, o Tempo tira, o Tempo passa e a folha vira.". O Tempo também é visto como o próprio céu, o espaço aberto.

Na Umbanda, é associado principalmente a Iansã.

### Teologia de Umbanda

| Principais pilares da Teologia de Umbanda | |
|---|---|
| Monoteísmo | Crença num Deus único (Princípio primeiro, Energia Primeira etc.), conhecido principalmente como Olorum (influência iorubá) ou Zâmbi (influência Angola). |
| Crença nos Orixás | Divindades/ministros de Deus, ligadas a elementos e pontos de força da natureza, orientadores dos Guias e das Entidades, bem como dos encarnados. |
| Crença nos Anjos | Enquanto figuras sagradas (e não divinas), são vistos ou como seres especiais criados por Deus (influência do Catolicismo), ou como espíritos bastante evoluídos (influência do Espiritismo/Kardecismo). |
| Crença em Jesus Cristo | Vindo na Linha de Oxalá e, por vezes, confundido com o próprio Orixá, Jesus é visto ou como Filho Único e Salvador (influência do Catolicismo/do Cristianismo mais tradicional), ou como o mais evoluído dos espíritos que encarnaram no planeta, do qual, aliás, é governador (influência do Espiritismo/Kardecismo). |

| Principais pilares da Teologia de Umbanda | |
|---|---|
| Crença na ação dos espíritos | Os espíritos, com as mais diversas vibrações, agem no plano físico. A conexão com eles está atrelada à vibração de cada indivíduo, razão pela qual é necessário estar sempre atento ao "Orai e vigiai." preconizado por Jesus. |
| Crença nos Guias e nas Entidades | Responsáveis pela orientação dos médiuns, dos terreiros, dos consulentes e outros, sua atuação é bastante ampla. Ao auxiliarem a evolução dos encarnados, colaboram com a própria evolução. |
| Crença na reencarnação | As sucessivas vidas contribuem para o aprendizado, o equilíbrio e a evolução de cada espírito. |
| Crença na Lei de Ação e Reação | Tudo o que se planta, se colhe. A Lei de Ação e Reação é respaldada pelo princípio do livre-arbítrio. |
| Crença na mediunidade | Todos somos médiuns, com dons diversos (de incorporação, de firmeza, de intuição, de psicografia etc.). |

**Tenda** Ver **Terreiro**.

**Terceiro Milênio** Marcado pela (re)valorização da Espiritualidade no cotidiano, o Terceiro Milênio aproxima religiões, tradições, práticas e filosofias por valores, posturas e atitudes comuns entre elas.

O quadro seguinte fornece um painel de como a Umbanda se insere na Espiritualidade do Terceiro Milênio.

| A Umbanda e a Espiritualidade no Terceiro Milênio Algumas características | |
|---|---|
| 1. Holismo | Por ser uma religião ecológica, a Umbanda visa ao equilíbrio do trinômio corpo, mente e espírito, a saúde física, o padrão de pensamento e o desenvolvimento espiritual de cada indivíduo. |

| A Umbanda e a Espiritualidade no Terceiro Milênio Algumas características | |
|---|---|
| 2. Ecumenismo e Diálogo Inter-religioso | Além de ter suas portas abertas a todo e qualquer espírito (encarnado ou desencarnado) que deseje vivenciar a Espiritualidade de acordo com suas diretrizes, a Umbanda mantém fortes laços dialógicos com as mais diversas tradições religiosas e/ou espirituais, algumas das quais a influenciaram bastante em vários aspectos, dentre eles, a ritualística. A Umbanda não é proselitista. |
| 3. Valorização da vivência/ da experiência pessoal | Embora tenha uma teologia própria e, em virtude do forte sincretismo, por vezes ainda vivencie pontos doutrinários de outras tradições religiosas e/ou espiritualistas, a Umbanda valoriza a experiência pessoal (concepções, opiniões, formas de vivenciar a espiritualidade etc.), respeitando o livre pensamento e irmanando a todos em seus rituais e nas mais diversas atividades caritativas, de modo a respeitar as diferenças, sem tratá-las ostensivamente como divergências. |
| 4. Fé e cotidiano: a concretude da fé | Fortemente marcada pela ecologia, a Umbanda convida a todos a vivenciar sua fé no cotidiano, cuidando do próprio corpo, do meio ambiente, vivenciando relações saudáveis etc. Exemplo: cultuar o Orixá Oxum é, ao mesmo tempo, um convite para se viver amorosamente o cotidiano, de forma compassiva, e utilizar os recursos hídricos de maneira consciente (escovar os dentes com a torneira fechada, não jogar lixo nas águas etc.). A gira literalmente prossegue no cotidiano. |

| A Umbanda e a Espiritualidade no Terceiro Milênio<br>Algumas características | |
|---|---|
| 5. Fé e Ciência: uma parceria inteligente | Allan Kardec, Dalai Lama e outros líderes fazem coro: se a Ciência desbancar algum ponto de fé, sem dúvida, a opção é ficar com a Ciência. A Umbanda possui fundamentos próprios, de trabalhos religiosos, energéticos, magísticos, contudo os mesmos não devem confundir-se com superstição e obscurantismo. Por outro lado, sua Alta Espiritualidade, muitas vezes ensinada de maneira analógica/simbólica, é cotidianamente explicada pela Ciência, na linguagem lógica/racional. A medicina dos Pretos-Velhos, por exemplo, é complementar à do médico com formação universitária, e vice-versa: ambas dialogam, não se excluem. |
| 6. Simplicidade | A construção de templos, a realização de festas e outros devem visar à gratidão, ao entrelaçamento de ideais, ao conforto e ao bem-estar, e não à ostentação pseudorreligiosa, à vaidade dos médiuns e dos dirigentes espirituais. Mestre Jesus, na vibração de Oxalá, simbolicamente nasceu numa gruta e, posto numa manjedoura, fez do ambiente um local de grande celebração, envolvendo pastores e reis magos. |
| 7. Leitura e compreensão do simbólico | Para vivenciar a espiritualidade umbandista de maneira plena, é preciso distinguir a letra e o espírito, no tocante, por exemplo, aos mitos e às lendas dos Orixás, aos pontos cantados e riscados etc. Quando se desconsidera esse aspecto, existe a tendência de se desvalorizar o diálogo ecumênico e inter-religioso, assim como a vivência pessoal da fé. O simbólico é um grande instrumento para a reforma íntima, o autoaperfeiçoamento, a evolução. |

| A Umbanda e a Espiritualidade no Terceiro Milênio Algumas características | |
|---|---|
| 8. Cooperativismo | Numa comunidade, cada individualidade faz a diferença. Por essa razão, o cooperativismo não é vivenciado apenas em trabalhos que envolvam atividade física, mas também, por exemplo, na manutenção de padrão vibratório adequado ao ambiente e aos cuidados com a língua e a palavra, de modo a não prejudicar ninguém. |
| 9. Liderança: autoridade não rima com autoritarismo | Num terreiro, todos são líderes, cada qual em sua área de atuação, do irmão mais novo na casa ao dirigente espiritual. Essa liderança deve ser exercida amorosamente, a exemplo do Mestre Jesus, o qual, simbolicamente lavou os pés dos Apóstolos. |
| 10. O exercício do livre-arbítrio | A Umbanda não ensina a entrega do poder pessoa, da consciência e do livre-arbítrio nas mãos dos Orixás, dos Guias e Guardiões ou dos dirigentes espirituais. A caminhada espiritual-evolutiva é única, pessoal e intransferível. |

**Terra** Ver **Terreiro**.

**Terreiro** Forma mais conhecida com que se refere a uma casa de Umbanda.

**Trindade** Em linhas gerais, a trindade representa nascimento, vida (e/ou morte) e renascimento, estando presente nas mais diversas culturas. A Trindade Católica é a mais comum na Umbanda (Pai, Filho, Espírito Santo), embora algumas casas se valham de Olorum, Oxalá e Ifá. Por sua vez, a Umbanda Almas e Angola concebe a Trindade Divina dessa maneira: Zâmbi (Deus, criador do Universo), Orixás (divindades) e Guias ou Entidades Espirituais (espíritos de luz).

**Tio(a)** Maneira como os Cosminhos referem-se aos adultos. Forma como, em muitos terreiros, são tratados os mais velhos.

# 222     Dicionário de Umbanda

**Toco** Banquinho rústico feito de pedaço de tronco de árvore. Por extensão, banquinho. Vela.

**Toques**

| Síntese dos toques mais comuns para alguns Orixás | |
|---|---|
| **Orixás** | **Toques** |
| Oxalá | bate-folha, cabula, ijexá |
| Ogum | barravento, cabula, congo de ouro, ijexá, muxicongo |
| Xangô | barravento, cabula, congo de ouro, ijexá, muxicongo |
| Oxóssi | barravento, cabula, congo de ouro, ijexá, muxicongo |
| Omulu | barravento, cabula, congo de ouro, ijexá, muxicongo |
| Logun-edé | barravento, ijexá |
| Ossaim | barravento, cabula, congo, samba angola |
| Oxumaré | cabula, congo, ijexá |
| Oxum | cabula, congo, ijexá |
| Iansã | Agerrê, barravento, cabula, congo de ouro, ijexá |
| Tempo | barravento, cabula, congo de ouro, ijexá |
| Iemanjá | cabula, ijexá |
| Nanã | cabula, congo, ijexá |

**Trabalho** Ação magística com objetivo definido, tanto para o bem quanto para o mal. A Umbanda realiza trabalhos apenas para o bem individual e comum, portanto sempre respeitando o livre-arbítrio: harmonia, saúde, abertura de caminhos, equilíbrio energético etc.

**Trabalho feito** Trabalho negativo e/ou seus efeitos.

**Transe** Ver **Incorporar**.

**Tripé da Umbanda** A Umbanda possui diversas linhas, todas de suma importância, contudo seu tripé (base) é formado pelos Caboclos, pelos Pretos-Velhos e pelas Crianças.

**Tronqueira** Trata-se de local de firmeza, logo à entrada do terreiro, para o Exu guardião da casa, mais conhecido como Exu da Porteira, pois seu nome verdadeiro só é conhecido pela alta hierarquia do terreiro.

Em algumas casas, a tronqueira fica atrás do congá e, por vezes, se confunde com a Casa dos Exus, tendo à frente do terreiro o que se chama popularmente de tronqueirinha ou casinha.

**Tumbadora** Tipo de atabaque.

**Tupã** De modo genérico, Deus, na concepção tupi. Vocábulo utilizado por muitos Caboclos com a mesma acepção de Zâmbi ou Olorum.

# U

**Umbral** Região do astral onde se agrupam espíritos com vibrações deletérias, por vezes, na prática do mal. Outros, pouco a pouco, começam a meditar sobre seus atos a fim de, quando estiverem prontos, receberem o devido auxílio.

**Umbanda** Em linhas gerais, etimologicamente, Umbanda é vocábulo que decorre do Umbundo e do Quimbundo, línguas africanas, com o significado de "arte de curandeiro", "ciência médica", "medicina". O termo passou a designar, genericamente, o sistema religioso que, dentre outros aspectos, assimilou elementos religiosos afro-brasileiros ao espiritismo urbano (Kardecismo).[1]

Quanto ao sentido espiritual e esotérico, Umbanda significa "luz divina" ou "conjunto das leis divinas". A magia branca praticada pela Umbanda remontaria, assim, a outras eras do planeta, sendo denominada pela palavra sagrada Aumpiram, transformada em Aumpram e, finalmente, Umbanda.

De qualquer maneira, houve quem tivesse anotado, durante a incorporação do Caboclo das Sete Encruzilhadas anunciando o nome da nova religião, o nome "Allabanda", substituído por "Aumbanda", em sânscrito, "Deus ao nosso lado." ou "O lado de Deus.".

A Umbanda, assim como o Candomblé, é religião, e não seita. "Seita" geralmente refere-se pejorativamente a grupos de pessoas com práticas espirituais que destoam das ortodoxas. A Umbanda é uma religião constituída, com fundamentos, teologia própria, hierarquia, sacerdotes e sacramentos. Suas sessões são gratuitas, voltadas ao atendimento holístico (corpo, mente, espírito) e à prática da caridade

---

1. O termo aqui não possui aqui obviamente conotação negativa.

(fraterna, espiritual, material), sem proselitismo. Em sua liturgia e em seus trabalhos espirituais vale-se do uso dos quatro elementos básicos: fogo, terra, ar e água.

É muito interessante fazer o estudo comparativo da utilização dos elementos, tanto por encarnados como pela Espiritualidade, na Umbanda, no Candomblé, no Xamanismo, na Wicca, no Espiritismo (Vide obra de André Luiz.), na Liturgia Católica (Leia-se o trabalho de Geoffrey Hodson, sacerdote católico liberal.) etc.

Este é um breve histórico do nascimento oficial da Umbanda, embora, antes da manifestação do Caboclo das Sete Encruzilhadas e do trabalho de Zélio Fernandino, houvesse atividades religiosas seme- lhantes ou próximas, no que se convencionou chamar de macumba[2].

No Astral, a Umbanda antecipa-se em muito ao ano de 1908 e diversos segmentos localizam sua origem terrena em civilizações e continentes que já desapareceram.

Zélio Fernandino de Moraes, um rapaz de 17 anos que se prepa- rava para ingressar na Marinha, em 1908 começou a ter aquilo que a família, residente em Neves, no Rio de Janeiro, considerava ataques. Os supostos ataques colocavam o rapaz na postura de um velho, que parecia ter vivido em outra época e dizia coisas incompreensíveis para os familiares; noutros momentos, Zélio parecia uma espécie de felino que demonstrava conhecer bem a natureza.

Após minucioso exame, o médico da família aconselhou que fosse ele atendido por um padre, uma vez que considerava o rapaz possuído. Um familiar achou melhor levá-lo a um centro espírita, o que realmente aconteceu: no dia 15 de novembro, Zélio foi convidado a tomar assento à mesa da sessão da Federação Espírita de Niterói, presidida à época por José de Souza.

---

2. Certamente trata-se de um convite à humildade, e não de submissão e dominação racial.

Tomado por força alheia à sua vontade e infringindo o regulamento que proibia qualquer membro de ausentar-se da mesa, Zélio levantou--se e declarou: "Aqui está faltando uma flor.".

Deixou a sala, foi até o jardim e voltou com uma flor, que colocou no centro da mesa, o que provocou alvoroço. Na sequência dos trabalhos, manifestaram-se nos médiuns espíritos apresentando-se como negros escravos e índios.

O diretor dos trabalhos, então, alertou os espíritos sobre seu atraso espiritual, como se pensava comumente à época, e convidou-os a se retirarem. Novamente uma força tomou Zélio e advertiu: "Por que repelem a presença desses espíritos, se sequer se dignaram a ouvir suas mensagens? Será por causa de suas origens sociais e da cor?".

Durante o debate que se seguiu, procurou-se doutrinar o espírito, que demonstrava argumentação segura e sobriedade. Um médium vidente, então, lhe perguntou: "Por que o irmão fala nestes termos, pretendendo que a direção aceite a manifestação de espíritos que, pelo grau de cultura que tiveram, quando encarnados, são claramente atrasados? Por que fala deste modo, se estou vendo que me dirijo neste momento a um jesuíta e a sua veste branca reflete uma aura de luz? E qual o seu nome, irmão?".

Ao que o interpelado respondeu: "Se querem um nome, que seja este: sou o Caboclo das Sete Encruzilhadas, porque para mim, não haverá caminhos fechados. O que você vê em mim, são restos de uma existência anterior. Fui padre e o meu nome era Gabriel Malagrida. Acusado de bruxaria, fui sacrificado na fogueira da Inquisição em Lisboa, no ano de 1761. Mas em minha última existência física, Deus concedeu-me o privilégio de nascer como caboclo brasileiro.".

A respeito da missão que trazia da Espiritualidade, anunciou: "Se julgam atrasados os espíritos de pretos e índios, devo dizer que amanhã estarei na casa de meu aparelho, às 20 horas, para dar início a um culto em que estes irmãos poderão dar suas mensagens e, assim, cumprir a missão que o Plano Espiritual lhes confiou. Será uma religião que falará aos humildes, simbolizando a igualdade que deve existir entre todos os irmãos, encarnados e desencarnados.".

Com ironia, o médium vidente perguntou-lhe: "Julga o irmão que alguém irá assistir a seu culto?".

O Caboclo das Sete Encruzilhadas lhe respondeu: "Cada colina de Niterói atuará como porta-voz, anunciando o culto que amanhã iniciarei.". E concluiu: "Deus, em sua infinita Bondade, estabeleceu que na morte, a grande niveladora universal, rico ou pobre, poderoso ou humilde, todos se tornariam iguais, mas vocês, homens preconceituosos, não contentes em estabelecer diferenças entre os vivos, procuram levar essas mesmas diferenças até mesmo além da barreira da morte. Por que não podem nos visitar esses humildes trabalhadores do espaço, se apesar de não haverem sido pessoas socialmente importantes na Terra, também trazem importantes mensagens do além?".

No dia seguinte, 16 de novembro, na casa da família de Zélio, à rua Floriano Peixoto, 30, perto das 20 horas, estavam os parentes mais próximos, amigos, vizinhos, membros da Federação Espírita e, fora da casa, uma multidão.

Às 20 horas manifestou-se o Caboclo das Sete Encruzilhadas e declarou o início do novo culto, no qual os espíritos de velhos escravos, que não encontravam campo de atuação em outros cultos africanistas, bem como de indígenas nativos do Brasil trabalhariam em prol dos irmãos encarnados, independentemente de cor, raça, condição social e credo.

No novo culto, encarnados e desencarnados atuariam motivados por princípios evangélicos e pela prática da caridade.

O Caboclo das Sete Encruzilhadas também estabeleceu as normas do novo culto: as sessões seriam das 20 horas às 22 horas, com atendimento gratuito e os participantes uniformizados de branco. Quanto ao nome, seria Umbanda: Manifestação do Espírito para a Caridade.

A casa que se fundava teria o nome de Nossa Senhora da Piedade, inspirada em Maria, que recebeu os filhos nos braços. Assim, a casa receberia todo aquele que necessitasse de ajuda e conforto. Após ditar as normas, o Caboclo respondeu a perguntas em latim e alemão formuladas por sacerdotes ali presentes. Iniciaram-se, então, os atendimentos, com diversas curas, inclusive a de um paralítico.

No mesmo dia, manifestou-se em Zélio um Preto-Velho chamado Pai Antônio, o mesmo que havia sido considerado efeito da suposta loucura do médium.

Com humildade e aparente timidez, recusava-se a sentar-se à mesa, com os presentes, argumentando: "Nêgo num senta não, meu sinhô, nêgo fica aqui mesmo. Isso é coisa de sinhô branco e nêgo deve arrespeitá.". Após insistência dos presentes, respondeu: "Num carece preocupá, não. Nêgo fica no toco, que é lugá de nêgo.".

Continuou com palavras de humildade, quando alguém lhe perguntou se sentia falta de algo que havia deixado na Terra, ao que ele respondeu: "Minha cachimba. Nêgo qué o pito que deixou no toco. Manda mureque buscá.".

Solicitava, assim, pela primeira vez, um dos instrumentos de trabalho da nova religião. Também foi o primeiro a solicitar uma guia, até hoje usada pelos membros da Tenda, conhecida carinhosamente como Guia de Pai Antônio.

No dia seguinte, houve verdadeira romaria à casa da família de Zélio. Enfermos encontravam a cura, todos se sentiam confortados, médiuns até então considerados loucos encontravam terreno para desenvolver os dons mediúnicos.

O Caboclo das Sete Encruzilhadas dedicou-se, então, a esclarecer e divulgar a Umbanda, auxiliado diretamente por Pai Antônio e pelo Caboclo Orixá Malê, experiente na anulação de trabalhos de baixa magia.

No ano de 1918, o Caboclo das Sete Encruzilhadas recebeu ordens da Espiritualidade para fundar sete tendas, assim denominadas: Tenda Espírita Nossa Senhora da Guia, Tenda Espírita Nossa Senhora da Conceição, Tenda Espírita Santa Bárbara, Tenda Espírita São Pedro, Tenda Espírita Oxalá, Tenda Espírita São Jorge e Tenda Espírita São Jerônimo. Durante a encarnação de Zélio, a partir dessas primeiras tendas, foram fundadas outras 10 mil.

Mesmo não seguindo a carreira militar, pois o exercício da mediunidade não lhe permitira, Zélio nunca fez da missão espiritual uma profissão. Pelo contrário, chegava a contribuir financeiramente, com parte do salário, para as tendas fundadas pelo Caboclo das Sete Encruzilhadas, além de auxiliar os que se albergavam em sua casa. Também por conselho do Caboclo, não aceitava cheques e presentes.

Por determinação do Caboclo, a ritualística era simples: cânticos baixos e harmoniosos, sem palmas ou atabaques, sem adereços para a vestimenta branca e, sobretudo, sem corte (sacrifício de animais). A preparação do médium pautava-se pelo conhecimento da doutrina, com base no Evangelho, banhos de ervas, amacis e concentração nos pontos da natureza.

Com o tempo e a diversidade ritualística, outros elementos foram incorporados ao culto, no que tange ao toque, canto e palmas, às vestimentas e mesmo a casos de sacerdotes umbandistas que passaram a dedicar-se integralmente ao culto, cobrando, por exemplo, pelo jogo de búzios onde o mesmo é praticado, porém sem nunca deixar de atender àqueles que não podem pagar pelas consultas.

Mas as sessões permanecem públicas e gratuitas, pautadas pela caridade, pela doação dos médiuns. Algumas casas, por influência dos Cultos de Nação, praticam o corte, contudo essa é uma das maiores diferenças entre a Umbanda dita tradicional e as casas que se utilizam de tal prática.

Depois de 55 anos à frente da Tenda Nossa Senhora da Piedade, Zélio passou a direção para as filhas Zélia e Zilméa, continuando, porém, a trabalhar juntamente com sua esposa, Isabel (médium do Caboclo Roxo), na Cabana de Pai Antônio, em Boca do Mato, em Cachoeira de Macacu, no Rio de Janeiro.

Zélio Fernandino de Moraes faleceu no dia 03 de outubro de 1975, após 66 anos dedicados à Umbanda, que muito lhe agradece pelo fato de ter nascido em solo brasileiro e ser caracteristicamente sincrética,

Obviamente a Umbanda não é a única religião a nascer no Brasil. O próprio Candomblé, tal qual o conhecemos, nasceu no Brasil, e não em África, uma vez que naquele continente o culto aos Orixás era segmentado por regiões. (Cada região e, portanto, famílias/clãs cultuavam determinado Orixá ou apenas alguns.) No Brasil, os Orixás tiveram seus cultos reunidos em terreiros, com variações, evidentemente, assim como com interpenetrações teológicas e litúrgicas das diversas nações.

**Umbandista** Filho de fé, seguidor da doutrina umbandista.

Caso alguém deixe de ser umbandista, não há punições por parte da Espiritualidade. Se algum desequilíbrio ocorre com o médium, certamente não é "castigo" do Orixá, mas porque está com a coroa aberta. Imagine-se um rádio mal sintonizado, captando sons confusos, às vezes até mesmo incompreensíveis. Quando se trabalha responsavelmente com energias, o que se abre, se fecha. Dessa forma, se alguém decide encerrar suas atividades como médium (de qualquer categoria), é necessário e mais prudente não desaparecer do terreiro, mas pedir que o dirigente espiritual "retire a mão", como se diz comumente.

Cuidar do Ori (da cabeça) de alguém é uma grande responsabilidade. A fim de não haver choques energéticos, o médium deve ser disciplinado, não "pular de casa em casa" e, também em caso de falecimento do/da dirigente espiritual, buscar auxílio seguro com quem possa assumir os cuidados de sua cabeça.

**Universalismo** Movimento de universalização da Espiritualidade, focado em valores comuns a todos os seres humanos. No Brasil, tem-se destacado o chamado Universalismo Crístico, liderado pelo médium e escritor Roger Bottini Paranhos.

### Universalismo e Umbanda

*Meu jovem, eu creio que você está fazendo um julgamento sobre algo que desconhece. O poder dos trabalhos de Umbanda vem dos rituais que despertam as forças espirituais dos orixás. Não raro vejo espíritas com você em casas de Umbanda pedindo socorro aos pretos-velhos porque na Umbanda se trabalha com energias mais densas e difíceis de se dissipar. Não acho justo que você desmereça os trabalhos que realizamos com tanto amor pelos nossos semelhantes.*

*Rafael aguardou em silêncio e voltou a falar:*

*– Antes de tudo eu gostaria de lembrar a todos que não estou aqui na condição de espírita. Essa foi a minha religião de formação, mas não estou aqui para defendê-la; pelo contrário, ainda nessa noite exporemos aqui os pontos em que ela também deve ser chamada a uma reflexão, da mesma forma como devemos fazer com todas as religiões, inclusive os orientais como o Budismo, o Hinduísmo, o Islamismo, que devem também ser avaliadas conforme o crivo da razão no que concerne aos rituais.*

*Quanto aos ritos de Umbanda, posso afirmar que eles não deixarão de ser utilizados e muito menos serão recriminados. Estou aqui para preparar a visão espiritual do futuro, ou seja, para atender as novas gerações. E elas terão algo claro em mente: a certeza de que podemos realizar curas ou promover doenças, atrair espíritos de luz ou obsessores terríveis, encontrar felicidade ou depressão, tudo apenas com o poder de nossa mente, independentemente dos rituais.*

(ditado por Hermes)

# V

**Vale dos Orixás** Local destinado a rituais umbandistas e de outras religiões de matriz africana em Juquitiba (SP) num sítio de 21 alqueires mantido por Pai Jamil Rachid e fundado há mais de duas décadas.

**Vela** O fogo e a vela estão presentes em rituais de diversas tradições espirituais e/ou religiosas. O mesmo acontece com a Umbanda, para a qual a vela acesa constitui-se num ponto de convergência da atenção dos médiuns, consulentes e outros. A vela reforça a energia, a conexão, o desejo, além de fomentar a energia da vida (ígnea). Ajuda a dissipar energias deletérias e, portanto, abre espaço para que as energias positivas se instaurem e/ou permaneçam no ambiente.

O material "ideal" de uma vela é a cera de abelha, pois traz em si os quatro elementos: o fogo (chama), a terra e a água (a própria cera) e o ar (aquecido). Há diversos formatos, materiais, tamanhos, decorações adicionais e outros. Além disso, por exemplo, na ritualística de cada terreiro, é possível encontrar orientações para que as velas sejam acesas com fósforos ou com isqueiros. Variações à parte, o uso de velas é bastante importante nos fundamentos e nas práticas umbandistas.

**Velas**
**Cores mais comuns na Umbanda**
(A cor branca substitui as demais)

| Orixás, Guias, Guardiões | Cores das velas |
|---|---|
| Oxalá | Branca |
| Iemanjá | Azul claro |
| Oxum | Azul royal |
| Iansã | Amarela |

| Velas Cores mais comuns na Umbanda (A cor branca substitui as demais) | |
|---|---|
| **Orixás, Guias, Guardiões** | **Cores das velas** |
| Obá | Vermelha ou magenta |
| Xangô | Marrom |
| Ogum | Vermelha |
| Oxóssi | Verde |
| Ossaim | Verde e branca |
| Obaluaê | Amarela ou preta e branca |
| Pretos-velhos | Preta e branca |
| Crianças | Rosa e/ou azul |
| Caboclos | Verde |
| Boiadeiros | Amarela |
| Marinheiros | Azul-claro |
| Baianos | Amarela |
| Ciganos | Azul claro ou rosa para Santa Sara; para ciganos, pode haver variações. |
| Exus | Preta e vermelha |
| Pombogiras | Preta e vermelha |

**Vênia** Com a perna direita dobrada, em genuflexão, os antebraços formam dois ângulos retos, com as palmas das mãos voltadas para cima, enquanto a cabeça permanece inclinada ou semi-inclinada para frente. Representa humildade, devoção, respeito ao Chefe Espiritual e/ou à Entidade incorporada. Saudação também utilizada, de modo especial, para Oxalá.

**Vodum**  Vodum é divindade do povo Fon (antigo Daomé). Refere-se tanto aos ancestrais míticos quanto aos ancestrais históricos. No cotidiano dos terreiros, por paralelismo, o vocábulo é empregado também como sinônimo de Orixá. (É bastante evidente a semelhança de características entre os mais conhecidos Orixás, Inquices e Voduns.) "Vodum" é a forma aportuguesada de "vôdoun".

| Ji-vodun | (Voduns do alto), chefiados por Sô (Heviossô). |
|---|---|
| Ayi-vodun | (Voduns da terra), chefiados por Sakpatá. |
| Tô-vodun | Voduns próprios de determinada localidade. Diversos. |
| Henu-vodun | Voduns cultuados por certos clãs que se consideram seus descendentes. Diversos. |

Mawu (gênero feminino) é o Ser Supremo dos povos Ewe e Fon, que criou a terra, os seres vivos e os voduns. Mawu associa-se a Lissá (gênero masculino), também responsável pela criação, e os voduns são filhos e descendentes de ambos. A divindade dupla Mawu-Lissá é chamada de Dadá Segbô (Grande Pai Espírito Vital).

**Mais conhecidos no Brasil:**

LOKO

É o vodum primogênito, representado pela árvore sagrada *Ficus idolatrica* ou *Ficus doliaria* (gameleira branca).

Paralelismo com o Orixá Iroco.

GU

Vodum dos metais, da guerra, do fogo e da tecnologia.

Paralelismo com o Orixá Ogum.

HEVIOSSÔ

Vodum dos raios e relâmpagos.

Paralelismo com o Orixá Xangô.

SAKPATÁ
Vodum da varíola.
Paralelismo com o Orixá Obaluaê.

DÃ
Vodum da riqueza, representado pela serpente e pelo arco-íris.
Paralelismo com o Orixá Oxumaré.

AGUÉ
Vodum da caça e protetor das florestas.
Paralelismo com o Orixá Oxóssi ou com o Orixá Ossaim.

AGBÊ
Vodum dono dos mares.

AYIZAN
Vodum feminino dona da crosta terrestre e dos mercados.

AGASSU
Vodum que representa a linhagem real do Reino do Daomé.

AGUÊ
Vodum que representa a terra firme.

LEGBA
Caçula de Mawu e Lissá, representa as entradas e saídas e a sexualidade.
Paralelismo com o Orixá Exu.

FÁ
Vodum da adivinhação e do destino.
Paralelismo com o Orixá Orumilá.

**Vodunce** O mesmo que "iaô" (Ketu) e "muzenza" (Angola). Termo pouco utilizado na Umbanda.

**Vodunci** Ver **Vodunce**.

**Vodunsi** Ver **Vodunce**.

**Vovô (vovó)** Forma carinhosa como são chamados os Pretos-Velhos e as Pretas-Velhas.

**Vume** Ver **Vumbe**.

**Vumbe** Morto(a), em especial quando se trata de dirigente espiritual. O vocábulo vem do quicongo "evumbi" ("morto").
Ver **Mão de Vumbe**.

**Vumbi** Ver **Vumbe**.

# X

**Xangô** Um dos Orixás mais populares no Brasil, provavelmente por ter sido a primeira divindade iorubana a chegar às terras brasileiras, juntamente com os escravos. Além disso, especialmente em Pernambuco e Alagoas, o culto aos Orixás recebe o nome genérico de Xangô, donde se deriva também a expressão Xangô de Caboclo para designar o chamado Candomblé de Caboclo.

Orixá da Justiça, o Xangô mítico-histórico teria sido um grande rei (alafin) de Oyó (Nigéria) após ter destronado seu irmão Dadá-Ajaká. Na teogonia iorubana, é filho de Oxalá e Iemanjá. Representa a decisão, a concretização, a vontade, a iniciativa e, sobretudo, a justiça (que não deve ser confundida com vingança). Xangô é o articulador político, presente na vida pública (lideranças, sindicatos, poder político, fóruns, delegacias etc.). Também Orixá que representa a vida, a sensualidade, a paixão, a virilidade. Seu machado bipene, o oxê, é símbolo da justiça (todo fato tem, ao menos, dois lados, duas versões, que devem ser pesadas, avaliadas).

Teve como esposas Obá, Oxum e Iansã.

**Características**
**Animais:** tartaruga, cágado, carneiro.
**Bebida:** cerveja preta.
**Chacra:** cardíaco.
**Cores:** marrom (branco e vermelho).
**Comemoração:** 24 de junho (São João Batista), 30 de setembro (São Jerônimo).
**Comidas:** agebô, amalá.
**Contas:** marrom leitoso.
**Corpo humano e saúde:** fígado e vesícula.

**Dia da semana:** quarta-feira.

**Elemento:** fogo.

**Elementos incompatíveis:** caranguejo e doenças.

**Ervas:** erva-de-são-joão, erva-de-santa-maria, beti-cheiroso, nega--mina, alevante, cordão-de-frade, jarrinha, erva-de-bicho, erva-tostão, caruru, pára-raio, umbaúba.

**Essências:** cravo (a flor).

**Flores:** cravos brancos e vermelhos.

**Metal:** estanho.

**Pedras:** jaspe, meteorito, pirita.

**Planeta:** Júpiter.

**Ponto da natureza:** pedreira.

**Saudação:** Kaô Cabecilê!

**Símbolos:** machado.

**Sincretismo:** Moisés, Santo Antônio, São Jerônimo, São João Batista, São José, São Pedro.

**Xangô** Designação genérica para os cultos africanos, notadamente aos Orixás, em Pernambuco, com variações regionais.

Segundo Nei Lopes, Filipe Sabino da Costa (1877-1936), cujo nome iniciático era Opa Uatanan, mais conhecido como Pai Adão,

> *por seus grandes conhecimentos dos fundamentos rituais e de seu domínio da língua iorubá, é unanimemente considerado a maior personalidade da história do Xangô pernambucano. No início dos anos de 1930, ao receber em Recife a visita do célebre babalaô Martiniano do Bonfim (Ojé Ladê), adaptou em sua honra, uma cantiga de saudação na língua iorubá, a qual, incorporada ao repertório de cânticos rituais dos xangôs recifenses, era ainda bastante cantada na década de 1980.*

**Xaxará** Feixe de piaçavas ou maço de palha-da-costa, enfeitado com búzios e miçangas, pertencente a Obaluaê.

**Xetro Marrumba Xetro!** Saudação a Boiadeiros e Boiadeiras. Significa "Salve o que tem braço (pulso) forte!".

**Xetruá!** Ver **Jetruá!**

**Xoxô** Azeite de dendê.

# Y

**Yabá** Ver **Iabá**.

**Yori** Ver **Linha de Yori**.

**Yorimá** Ver **Linha de Yorimá**.

# Z

**Zâmbi** Deus. O vocábulo deriva do multilinguístico banto "Nzambi" ("Ser Supremo").

**Zelador de Santo** Dirigente espiritual de religião de matriz africana.

# Bibliografia

## Livros

AFLALO, Fred. *Candomblé: uma visão do mundo.* São Paulo: Mandarim, 1996. 2 ed.

BARBOSA JÚNIOR, Ademir. *A Bandeira de Oxalá – pelos caminhos da Umbanda.* São Paulo: Nova Senda, 2013.

_____. *Curso essencial de Umbanda.* São Paulo: Universo dos Livros, 2011.

_____. *O essencial do Candomblé.* São Paulo: Universo dos Livros, 2011.

_____. *Guia prático de plantas medicinais.* São Paulo: Universo dos Livros, 2005.

_____. *Mitologia dos Orixás: lições e aprendizados.* São Bernardo do Campo: Anúbis, 2014.

_____. *Nanã.* São Bernardo do Campo: Anúbis, 2014.

_____. *Novo Dicionário de Umbanda.* São Paulo: Nova Senda, 2014.

_____. *Obaluaê.* São Bernardo do Campo: Anúbis, 2014.

_____. *Oxumaré.* São Bernardo do Campo: Anúbis, 2014.

_____. *Para conhecer a Umbanda.* São Paulo: Universo dos Livros, 2013.

_____. *Para conhecer o Candomblé*. São Paulo: Universo dos Livros, 2013.

_____. *Reiki: A Energia do Amor*. São Paulo: Nova Senda, 2014.

_____. *Transforme sua vida com a Numerologia*. São Paulo: Universo dos Livros, 2006.

_____. *Umbanda – um caminho para a Espiritualidade*. São Bernardo do Campo: Anúbis, 2014.

_____. *Xangô*. São Paulo: Universo dos Livros, 2013.

_____. *Xirê: orikais – canto de amor aos orixás*. Piracicaba: Editora Sotaque Limão Doce, 2010.

BARCELLOS, Mario Cesar. *Os Orixás e a personalidade humana*. Rio de Janeiro: Pallas, 2007. 4 ed.

BORDA, Inivio da Silva et al. (org.). *Apostila de Umbanda*. São Vicente: Cantinho dos Orixás, s/d.

CABOCLO OGUM DA LUZ (Espírito). *Ilê Axé Umbanda*. São Bernardo do Campo: Anúbis, 2011. Psicografado por Evandro Mendonça.

CACCIATORE, Olga Gudolle. *Dicionário de Cultos Afro-brasileiros*. Rio de Janeiro: Forense Universitária, 1977.

CAMARGO, Adriano. *Rituais com ervas: banhos, defumações e benzimentos*. Rio de Janeiro: Livre Expressão, 2013. 2 ed.

CAMPOS JR., João de. *As religiões afro-brasileiras: diálogo possível com o cristianismo*. São Paulo: Editora Salesiana Dom Bosco, 1998.

CARYBÉ. *Iconografia dos deuses africanos no Candomblé da Bahia*. São Paulo: Editora Raízes, 1980. (Com textos de Jorge Amado, Pierre Verger e Valdeloir Rego.)

CHEVALIER, Jean e GHEERBRANT, Alain (orgs.). *Dicionário de símbolos*. Rio de Janeiro: José Olympio, 2008. Tradução: Vera da Costa e Silva et al. 22 ed.

CIPRIANO DO CRUZEIRO DAS ALMAS (Espírito). *O Preto Velho Mago: conduzindo uma jornada evolutiva*. São Paulo: Madras, 2014. Psicografado por André Cozta.

CONGO, Pai Thomé do (Espírito). *Relatos umbandistas*. São Paulo: Madras, 2013. Anotações por André Cozta.)

CORRAL, Janaína Azevedo. *As Sete Linhas da Umbanda*. São Paulo: Universo dos Livros, 2010.

_____. *Tudo o que você precisa saber sobre Umbanda* (volumes 1, 2 e 3). São Paulo: Universo dos Livros, 2010.

FAUR, Mirella. *Mistérios nórdicos: deuses, runas, magias, rituais*. São Paulo: Pensamento, 2007.

FERAUDY, Roger. (Obra mediúnica orientada por Babajiananda/PaiTomé.) *Umbanda, essa desconhecida*. Limeira: Editora do Conhecimento, 2006. 5 ed.

D´IANSÃ, Eulina. *Reza forte*. Rio de Janeiro: Pallas, 2008. 4 ed.

LEONEL (Espírito) e Mônica de Castro (médium). *Jurema das Matas*. São Paulo: Vida & Consciência, 2011.

LIMAS, Luís Filipe de. *Oxum: a mãe da água doce*. Rio de Janeiro: Pallas, 2007.

LINARES, Ronaldo (org.). *Iniciação à Umbanda*. São Paulo: Madras, 2008.

_____. *Jogo de Búzios*. São Paulo: Madras, 2007.

LOPES, Nei. *Enciclopédia brasileira da Diáspora Africana*. São Paulo: Selo Negro, 2004.

LOURENÇO, Eduardo Augusto. *Pineal, a glândula da vida espiritual – as novas descobertas científicas*. Limeira: Editora do Conhecimento, 2010.

MAGGIE, Yvonne. *Guerra de Orixá: um estudo de ritual e conflito*. Rio de Janeiro: Jorge Zahar Editor, 2001. 3 ed.

MALOSSINI, Andrea. *Dizionario dei Santi Patroni*. Milano: Garzanti, 1995.

MARTÍ, Agenor. *Meus oráculos divinos: revelações de uma sibila afrocubana.* Rio de Janeiro: Bertrand Brasil, 1994. (Tradução de Rosemary Moraes.)

MARTINS, Cléo. *Euá.* Rio de Janeiro: Pallas, 2001.

_____. *Nanã.* Rio de Janeiro: Pallas, 2001.

MARTINS, Giovani. *Umbanda de Almas e Angola.* São Paulo: Ícone, 2011.

_____. *Umbanda e Meio Ambiente.* São Paulo: Ícone, 2014.

MARSICANO, Alberto e VIEIRA, Lurdes de Campos. *A Linha do Oriente na Umbanda.* São Paulo: Madras, 2009.

MOURA, Carlos Eugênio M. de (org). *Candomblé: religião do corpo e da alma.* Rio de Janeiro: Pallas, 2000.

_____. *Culto aos Orixás, Voduns e Ancestrais nas Religiões Afro-brasileiras.* Rio de Janeiro: Pallas, 2006.

MUNANGA, Kabengelê e GOMES, Nilma Lino. *Para entender o negro no Brasil de hoje: história, realidades, problemas e caminhos.* São Paulo: Global: Ação Educativa Assessoria, Pesquisa e Informação, 2004.

NAPOLEÃO, Eduardo. *Yorùbá – para entender a linguagem dos orixás.* Rio de Janeiro: Pallas, 2010.

NASCIMENTO, Elídio Mendes do. *Os poderes infinitos da Umbanda.* São Paulo: Rumo, 1993.

NEGRÃO, Lísias. *Entre a cruz e a encruzilhada.* São Paulo: Edusp, 1996.

OMOLUBÁ. *Maria Molambo na sombra e na luz.* São Paulo: Cristális, 2002. 10 ed.

ORPHANAKE, J. Edson. *Os Pretos-Velhos.* São Paulo: Pindorama, 1994.

OXALÁ, Miriam de. *Umbanda: crença, saber e prática.* Rio de Janeiro: Pallas, 2007. 2 ed.

PARANHOS, Roger Bottini (Ditado pelo espírito Hermes.). *Universalismo crístico.* Limeira: Editora do Conhecimento, 2007.

PIACENTE, Joice (médium). *Dama da Noite*. São Paulo: Madras, 2013.

_____. *Sou Exu! Eu sou a Luz*. São Paulo: Madras, 2013.

PINTO, Altair. *Dicionário de Umbanda*. Rio de Janeiro: Livraria Editora Eco, 1971.

PIRES, Edir. *A Missionária*. Capivari: Editora EME, 2006.

PORTUGAL FILHO, Fernandez. *Magias e oferendas afro-brasileiras*. São Paulo: Madras, 2004.

PRANDI, Reginaldo. *Mitologia dos Orixás*. São Paulo: Companhia das Letras, 2001.

RAMATÍS (Espírito) e PEIXOTO, Norberto (médium). *Chama crística*. Limeira: Editora do Conhecimento, 2004. 3 ed.

_____. *Diário mediúnico*. Limeira: Editora do Conhecimento, 2009.

_____. *Evolução no Planeta Azul*. Limeira: Editora do Conhecimento, 2005. 2 ed.

_____. *Mediunidade e sacerdócio*. Limeira: Editora do Conhecimento, 2010.

_____. *A Missão da Umbanda*. Limeira: Editora do Conhecimento, 2006.

_____. *Umbanda de A a Z*. Limeira: Editora do Conhecimento, 2011. (Org.: Sidnei Carvalho.)

_____. *Umbanda pé no chão*. Limeira: Editora do Conhecimento, 2005.

_____. *Vozes de Aruanda*. Limeira: Editora do Conhecimento, 2005. 2 ed.

RIBEIRO, Darcy. *O povo brasileiro: a formação e o sentido do Brasil*. São Paulo: Companhia das Letras, 1995. 2 ed.

RISÉRIO, Antonio. *Oriki Orixá*. São Paulo: Perspectiva, 1996.

RUDANA, Sibyla. *Os mistérios de Sara: o retorno da Deusa pelas mãos dos ciganos*. São Paulo: Cristális, 2004.

SAMS, Jamie. *As cartas do caminho sagrado*. Rio de Janeiro: Rocco, 2003. (Tradução de Fabio Fernandes.)

SALES, Nívio Ramos. *Búzios: a fala dos Orixás*. Rio de Janeiro: Pallas, 2005. 2 ed.

SANTANA, Ernesto (Org.). *Orações umbandistas de todos os tempos*. Rio de Janeiro: Pallas, 2006. 4 ed.

SANTOS, Orlando J. *Orumilá e Exu*. Curitiba, Editora Independente, 1991.

SARACENI, Rubens. *Rituais umbandistas: oferendas, firmezas e assentamentos*. São Paulo: Madras, 2007.

SELJAN, Zora A. O. *Iemanjá: Mãe dos Orixás*. São Paulo: Editora Afro--brasileira, 1973.

SILVA, Carmen Oliveira da. *Memorial Mãe Menininha do Gantois*. Salvador: Ed. Omar G., 2010.

SILVA, Vagner Gonçalves da. *Candomblé e Umbanda: caminhos da devoção brasileira*. São Paulo: Ática, 1994.

SOUZA, Leal de. *O Espiritismo, A Magia e As Sete Linhas de Umbanda*. Limeira: Editora do Conhecimento, 2008. 2 ed.

_____. *Umbanda Sagrada*. São Paulo: Madras, 2006. 3 ed.

SOUZA, Marina de Mello. *África e Brasil Africano*. São Paulo: Ática, 2008.

SOUZA, Ortiz Belo de. *Umbanda na Umbanda*. São Paulo: Editora Portais de Libertação, 2012.

TAQUES, Ivoni Aguiar (Taques de Xangô). *Ilê-Ifé: de onde viemos*. Porto Alegre: Artha, 2008.

TAVARES, Ildásio. *Xangô*. Rio de Janeiro: Pallas, 2002. 2 ed.

VVAA. *Educação Ambiental e a Prática das Religiões de Matriz Africana*. Piracicaba, 2011. (cartilha)

VVAA. *Orientações e Ações para a Educação das Relações Étnico-Raciais.* Brasília: SECAD, 2006.

VVAA. *Plano Nacional de Desenvolvimento Sustentável dos Povos e Comunidades Tradicionais de Matriz Africana 2013 – 2015.* Brasília: Secretaria de Políticas de Promoção da Igualdade Racial, 2013.

VERGER, Pierre. *Orixás – deuses iorubás na África e no Novo Mundo.* Salvador: Corrupio, 2002. (Tradução de Maria Aparecida da Nóbrega.) 6 ed.

WADDELL, Helen (tradução). *Beasts and Saints.* London: Constable and Company Ltd., 1942.

# Jornais e revistas

*A sabedoria dos Orixás – volume I,* s/d.
*Folha de São Paulo,* 15 de julho de 2011, p. E8.
*Jornal de Piracicaba,* 23 de janeiro de 2011, p. 03.
*Revista Espiritual de Umbanda* – número 02, s/d.
*Revista Espiritual de Umbanda* – Especial 03, s/d.
*Revista Espiritual de Umbanda* – número 11, s/d.

# Sítios na Internet

http://alaketu.com.br
http://aldeiadepedrapreta.blogspot.com
http://answers.yahoo.com
http://apeuumbanda.blogspot.com
http://babaninodeode.blogspot.com
http://catolicaliberal.com.br

http://centropaijoaodeangola.net

http://colegiodeumbanda.com.br

http://comunidadeponteparaaliberdade.blogspot.com.br

http://espaconovohorizonte.blogspot.com.br/p/aumbanda-umbanda-esoterica.html

http://eutratovocecura.blogspot.com.br

http://fogoprateado-matilda.blogspot.com.br

http://umbandadejesus.blogspot.com.br

http://fotolog.terra.com.br/axeolokitiefon

http://jimbarue.com.br

http://juntosnocandomble.blogspot.com

http://letras.com.br

http://luzdivinaespiritual.blogspot.com.br

http://mundoaruanda.com

http://ocandomble.wordpress.com

http://ogumexubaraxoroque.no.comunidades.net

http://okeaparamentos.no.comunidades.net

http://opurgatorio.com

http://orixasol.blogspot.com

http://oyatopeogumja.blogspot.com

http://povodearuanda.blogspot.com

http://povodearuanda.com.br

http://pt.fantasia.wikia.com

http://pt.wikipedia.org

http://religioesafroentrevistas.wordpress.com

http://templodeumbandaogum.no.comunidades.net

http://tuex.forumeiros.com

http://xango.sites.uol.com.br

http://www1.folha.uol.com.br

http://www.brasilescola.com

http://www.desvendandoaumbanda.com.br
http://www.dicio.com.br
http://www.genuinaumbanda.com.br
http://www.guardioesdaluz.com.br
http://www.igrejadesaojorge.com.br
http://www.ileode.com.br
http://www.kakongo.kit.net
http://www.maemartadeoba.com.br
http://www.oldreligion.com.br
http://www.oriaxe.com.br
http://www.orunmila.org.br
http://www.pescanordeste.com.br
http://www.priberam.pt
http://www.religiosidadepopular.uaivip.com.br
http://www.siteamigo.com/religiao
http://www.terreirodavobenedita.com
http://www.tuccaboclobeiramar.com.br

# O Autor

Ademir Barbosa Júnior (Dermes) é umbandista, escritor, pesquisador e Pai Pequeno da Tenda de Umbanda Iansã Matamba e Caboclo Jiboia, dirigida por sua esposa, a escritora e blogueira Mãe Karol Souza Barbosa.

# *Outras publicações*

## UMBANDA – UM CAMINHO PARA A ESPIRITUALIDADE

*Ademir Barbosa Júnior (Dermes)*

Este livro traz algumas reflexões sobre a Espiritualidade das Religiões de Matriz Africana, notadamente da Umbanda e do Candomblé. São pequenos artigos disponibilizados em sítios na internet, notas de palestras e bate-papos, trechos de alguns de meus livros.

Como o tema é amplo e toca a alma humana, independentemente de segmento religioso, acrescentei dois textos que não se referem especificamente às Religiões de Matriz Africana, porém complementam os demais: "Materialização: fenômeno do algodão" e "Espiritualidade e ego sutil".

Espero que, ao ler o livro, o leitor se sinta tão à vontade como se pisasse num terreiro acolhedor.

Formato: 16 x 23 cm – 144 páginas

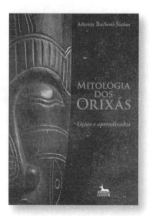

## MITOLOGIA DOS ORIXÁS – LIÇÕES E APRENDIZADOS

*Ademir Barbosa Júnior (Dermes)*

O objetivo principal deste livro não é o estudo sociológico da mitologia iorubá, mas a apresentação da rica mitologia dos Orixás, que, aliás, possui inúmeras e variadas versões.

Não se trata também de um estudo do Candomblé ou da Umbanda, embora, evidentemente, reverbere valores dessas religiões, ditas de matriz africana.

Foram escolhidos alguns dos Orixás mais conhecidos no Brasil, mesmo que nem todos sejam direta e explicitamente cultuados, além de entidades como Olorum (Deus Supremo iorubá) e as Iya Mi Oxorongá (Mães Ancestrais), que aparecem em alguns relatos.

Formato: 16 x 23 cm – 144 páginas

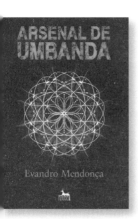

## ARSENAL DE UMBANDA

*Evandro Mendonça*

O livro "Arsenal da Umbanda" e outros livros inspirados pelo médium Evandro Mendonça e seus mentores, visa resgatar a Umbanda no seu princípio básico, que é ligar o homem aos planos superiores. Atos saudáveis como o de acender uma vela ao santo de sua devoção, tomar um banho de descarga, levar um patuá para um Preto-Velho, benzer-se, estão sendo esquecidos nos dias de hoje, pois enquanto uns querem ensinar assuntos complexos, outros só querem saber de festas e notoriedade.

Umbanda é sabedoria, religião, ciência, luz emanada do alto, amor incondicional, crença na Divindade Maior. Umbanda é a própria vida.

Formato: 16 x 23 cm – 208 páginas

## ORIXÁS – SEGURANÇAS, DEFESAS E FIRMEZAS

*Evandro Mendonça*

Caro leitor, esta é mais uma obra que tem apenas o humilde intuito de somar a nossa Religião Africana. Espero com ela poder compartilhar com meus irmãos e simpatizantes africanistas um pouco mais daquilo que vi, aprendi e escutei dos mais antigos Babalorixás, Yalorixás e Babalaôs, principalmente do meu Babalorixá Miguel da Oyá Bomí. São ensinamentos simples, antigos, porém repletos de fundamento e eficácia na Religião Africana; alguns até mesmo já esquecidos e não mais praticados nos terreiros devido ao modernismo dos novos Babalorixás e Yalorixás e suas vontades de mostrar luxúrias, coisas bonitas e fartas para impressionar os olhos alheios.

Formato: 16 x 23 cm – 192 páginas

Dúvidas, sugestões e esclarecimentos
E-mail: ademirbarbosajunior@yahoo.com.br
WhatsApp: 47 97741999

Distribuição exclusiva

www.aquarolibooks.com.br